L'ART DE FORMER

UNE

BIBLIOTHÈQUE

PAR

JULES RICHARD

PARIS

LIBRAIRIE ANCIENNE ET MODERNE

ED. ROUVEYRE & G. BLOND

98, Rue de Richelieu, 98

1883

L'ART DE FORMER

UNE

BIBLIOTHÈQUE

JUSTIFICATION DES TIRAGES
DE LUXE

				Numeros
3 Exemplaires imprimés sur parchemin.			1 à	3
3 » »	sur papier rose		4 à	6
20 » »	sur papier de Chine .		7 à	26
24 » »	sur papier du Japon .		27 à	50
50 » »	sur Seychall-Mill . . .		51 à	100

L'ART DE FORMER

UNE

BIBLIOTHÈQUE

PAR

JULES RICHARD

PARIS

LIBRAIRIE ANCIENNE ET MODERNE

ÉD. ROUVEYRE & G. BLOND

98, Rue de Richelieu, 98

1883

AVANT-PROPOS

Ce n'est pas pour les grands bibliophiles que j'écris ce petit traité *sur l'art de former une bibliothèque;* ceux-là n'ont besoin ni de maîtres ni de leçons. Ce petit volume est spécialement destiné aux honnêtes gens qui aiment les lettres et cherchent dans la pratique de leur culte, dans le goût de la collection des livres une agréable diversion aux ennuis quotidiens de la vie.

Jamais la passion des livres anciens et nouveaux n'a été plus répandue qu'aujour-

d'hui ; mais il convient d'ajouter tout de
suite qu'on n'a jamais fait de plus vilaine
librairie. Je ne parle ici que de la confection des livres courants, des romans, brochures, pièces de théâtre, livres spéciaux
qui sont presque tous fabriqués avec une re-
marquable négligence. Composés avec des
caractères usés, mal corrigés, tirés sans
soin sur un affreux papier n'ayant ni corps
ni ampleur, défectueusement margés et
assemblés grossièrement sous une couverture généralement transformée en catalogue, ils sont horribles. Tellement
horribles qu'un auteur, respectueux de ses
œuvres, fait toujours tirer pour son usage
et celui des personnes qu'il estime une
cinquantaine d'exemplaires en grand papier
— ordinairement du vergé à la forme —
et souvent sept ou huit autres sur vélin ou
sur chine. Ce sont là heureusement les
seuls témoignages qui resteront de notre
librairie courante ; ce sont les seuls que
l'on collectionne à côté des superbes éditions que nos grands artistes éditeurs,
secondés par des maîtres imprimeurs —

parfois aussi artistes qu'eux,— établissent à petit nombre et par conséquent à des prix trop élevés pour les lecteurs vulgaires.

Une belle bibliothèque représente donc une valeur qui peut varier comme le portefeuille d'un spéculateur, car les livres ont leurs cours soumis aux caprices de la mode et des collectionneurs.

On compte, tant à Paris qu'en France et à l'étranger, environ mille personnes qui collectionnent les beaux livres. Si l'on veut y ajouter les amateurs possédant une bibliothèque de plus de trois mille volumes reliés, on peut hardiment quadrupler ce chiffre.

Un document de librairie établissait récemment que le *Manuel du libraire* de Brunet, aujourd'hui épuisé, a été tiré à six mille exemplaires ; et il en concluait qu'il existe le même nombre de bibliophiles. Ce raisonnement est faux, car l'œuvre de Brunet a sa place marquée chez tous les libraires importants et dans presque toutes

les bibliothèques publiques de l'Europe et
des Etats-Unis ; et leur nombre vient diminuer d'autant celui des amateurs acheteurs
du Manuel.

Ces collectionneurs et amateurs appartiennent à tous les rangs de la société. Je
cite une trentaine de noms au hasard de
ma mémoire : S. A. R. le duc d'Aumale,
la famille de Rothschild, le baron Pichon,
Hankey, Guy-Pelion, Quentin-Bauchard,
de Lignerolles, Richard Gompertz, le
comte Foy, Delicourt, Gonzalès, Eugène
Paillet, Ulric Richard-Desaix, Dutuit,
Laroche-Lacarelle, Dècle, Bégis, Henri
Leroy, le prince d'Essling, Jules Hédou,
le duc de Brissac, Edouard Bocher, l'abbé
Bossuet, Laugel, Charles Mehl, Georges
Danyau, le baron Ruble, Léonce de
Lamothe, etc., dignes successeurs des
Cicongne, Pixérécourt, Soleinne, Armand
Bertin, La Bedoyère, Yemenitz, Solar,
Jacques-Charles Brunet, Léon Double,
Ambroise Firmin Didot, Emile Michelot, Bancel, etc. Mais à côté de ces
grands amateurs, je connais d'humbles

bureaucrates, Le modestes gens de lettres, qui n'ayant pas assez d'argent mignon pour éparpiller leurs forces dans des acquisitions variées, les concentrent sur un filon bibliographique particulièrement intéressant. C'est ainsi que s'explique la cherté de certains livres à certaines époques. Il y a sept ou huit ans, par exemple, on collectionnait les Rétif de la Bretonne avec une telle frénésie qu'en 1877, un exemplaire complet — et en reliure ordinaire du temps —des œuvres de ce pamphlétaire romancier, provenant de M. Ludovic Halévy, fut catalogué chez Fontaine, le célèbre libraire du passage des Panoramas, au prix de cinq mille francs (183 parties en 158 tomes).

Un autre exemplaire beaucoup mieux conservé et non rogné, relié superbement par Chambolle Duru, figurait à côté de celui de M. Ludovic Halévy et était estimé au prix de dix huit mille francs ! ! !

Je donne ces prix pour qu'on saisisse du premier coup la différence entre les exemplaires rognés et les exemplaires non rognés. Ces derniers peuvent être reliés à nouveau. Les autres doivent conserver l'habit de leur temps qui, surtout pour les Rétif, manque de charme et d'élégance.

Il y a quatre ou cinq ans, la mode était aux Cazins. En ce moment la grande admiration que l'on éprouvait pour les adorables petites éditions du libraire Cazin commence à diminuer. Les seuls exemplaires des ouvrages érotiques à gravures, surtout lorsqu'ils sont reliés en maroquin rouge plein, ont conservé de la valeur.

Remarque utile à noter : toutes les fois que la bibliophilie commerçante s'occupe trop activement d'une famille de livres, le goût du public pour ces livres diminue d'autant plus que le prix s'élève. La spéculation a bien vite atteint ses bornes, justement parce que le nombre des amateurs d'un livre est assez restreint. En 1850, *Monsieur Nicolas*, le meilleur ou tout au moins le plus curieux ouvrage de Rétif, se vendait en nombre à vingt centimes le volume, rue de Touraine-Saint-Germain, aujourd'hui rue Dupuytren. Un petit libraire de la rue de la Lune, Alvarès, acheta tout en bloc et imagina d'en constituer une valeur à la hausse, en demandant à Monselet une biographie bibliographique qui remît Rétif à la mode. Cette mode dura jusqu'au moment où Fontaine la tua par ses exagérations. C'est ainsi que le bibliophile Jacob, en refaisant et en complétant la jolie monographie de Charles Monselet a fait baisser des trois quarts la valeur vénale de Rétif. J'attribue la défaveur momentanée des éditions Cazin à la réédition des travaux de M. Brissard-Binet, libraire de Reims, et aux publications de M. A. Corroënne, ex-musicien au régiment de gendarmerie de la Garde impériale et amateur distingué, fanatique de Cazin.

Le collectionneur aime surtout ce qu'il connaît peu, et adore ce qu'il ne connaît point. Aussi je terminerai cette introduction par les conseils suivants :

Se méfier toujours de son enthousiasme.

Se méfier des prix énormes auxquels on cote certaines éditions originales d'auteurs secondaires. Pour les génies reconnus, on peut y aller de bon cœur, mais pour les autres que de mécomptes on se prépare dans l'avenir !

N'acheter cher qu'un livre que l'on connaît.

Vérifier les titres, la pagination, les tables et compter les gravures si c'est un livre à vignettes.

Même réflexion pour les tirages sur papier extraordinaire de livres absolument ordinaires. Les Whatman et la peau de vélin doivent être bien portés pour conserver leur valeur.

Mais, me demandera-t-on, comment vérifier ce qu'on ne sait pas ?

Je vais l'expliquer après avoir dit comment on devient un amateur.

COMMENT ON DEVIENT AMATEUR

'amateur de livres commence toujours par être inconscient.

Il achète pour lire. Il débute par aimer le livre neuf. C'est une jouissance ineffable pour lui d'introduire le premier le couteau à papier dans un volume dont il a la virginité. Mais cette fantaisie passe vite chez l'amateur de race. Rapidement il se lasse de ces plaisirs faciles que le premier venu peut se procureur pour 3 fr. 50 au coin d'un passage. Il lui faut mieux. Il veut lire son auteur favori dans les conditions les meilleures pour bien le savourer. Il le veut dans sa première édition et autant que possible dans une belle reliure du temps. S'il écoutait son fanatisme de néophyte, il s'arrangerait une chambre avec les tentures et les meubles de l'époque; et pour lire Molière ou Racine il s'habillerait en marquis de la cour de Louis XIV.

Qui sait ? l'exemplaire qu'il possède a peut-être été touché par le maître. S'il porte une dédicace, le doute n'est pas possible.

Avoir une pièce de Molière sur la garde de laquelle serait une ligne de Molière, c'est une jouissance que personne ne peut se procurer, car les autographes de Molière sont aussi rares que ceux de Victor Hugo seront nombreux.

Les éditeurs qui dans ces derniers temps ont fait des sortes de *fac simile*, des «restitutions »— cela s'appelle ainsi — des éditions originales de nos grands auteurs ont spéculé sur cette manie. Une collection de pièces de Molière — éditions originales—·

coûterait à rassembler certainement vingt-
cinq à trente mille francs (M. Henri
Meilhac en possède une). M. Jouaust, à
la fois imprimeur et éditeur, a publié des
plaquettes assez habilement confectionnées
pour donner de l'illusion à des bibliomanes
sans instruction. La collection coûte une
centaine de francs et fait le plus grand honneur à l'habile éditeur-imprimeur ; mais
jamais un amateur délicat n'étalera de semblables imitations, si parfaites qu'elles soient,
sur les rayons de sa bibliothèque ; il leur
préférera toujours une estimable édition
moins prétentieuse, mais d'extraction plus
correcte.

Voici donc l'amateur néophyte arrivé au
moment où il se passionne pour un auteur,
une époque, une branche de la littérature
ou des sciences. C'est là le moment critique,
l'instant précis où naît la bibliothèque.

Un de mes amis, homme très lettré et
employé dans une grande administration,
fut sacré bibliophile par un assez joli
Horace dans les prix doux qu'il rencontra

par hasard sur un quai. Une note de l'Horace en question contenait une leçon nouvelle pour mon ami et le reportait à une
autre édition. Il voulut avoir celle-là, puis
une autre ; il en eut six, puis trente, puis
cent, puis plus encore, des Incunables, des
Elzéviers, des éditions anglaises, alleman-
des, que sais-je ! Bref, lorsqu'après avoir
joui convenablement d'Horace, il voulut
se défaire des cent soixante-quatorze
éditions qu'il possédait, il apprit qu'il en
existait plus de sept cent cinquante !

On sait quand on commence une collection, on ne sait jamais quand on la
finira ; c'est là le plaisir.

Avant d'aller plus loin et pour me créer
l'occasion de déduire méthodiquement les
conseils que je veux donner au néophyte,
je dirai tout de suite qu'il ne doit jamais
introduire dans sa bibliothèque un profane,
un béotien, un de ces êtres indifférents et
vulgaires que Théophile Gautier flétrissait
du nom de « bonnet de coton ».

Infailliblement, après avoir promené sur

vos rayons un œil terne et ennuyé, il vous dira :

« Bibliothèque bien complète ; heureux choix de livres ; je vous félicite. »

Et d'abord que ce triple sot le sache. Il n'existe pas de bibliothèque complète. Le catalogue des écrits relatifs à l'histoire de France déposés à la Bibliothèque de la rue Richelieu, a déjà quatorze volumes in-quarto ; et il n'est pas fini. De plus il manque à ladite bibliothèque bon nombre d'ouvrages très connus et qu'elle pourrait facilement se procurer.

Et puis un choix de livres n'est jamais absolument heureux, car le bibliophile le plus riche n'achète pas toujours ce qu'il veut, il achète ce qu'il peut.

Enfin qu'importent les félicitations de ce monsieur qui ne s'y connaît pas.

Le bibliophile, lui, doit s'y connaître. Et pour apprendre à s'y connaître, il faut des outils.

LES OUTILS DU BIBLIOPHILE

Voici tantôt trente ans que j'aime les livres, que je m'en occupe, que je les palpe et que j'en achète. Or je ne suis guère plus fort en bibliographie que ne l'était Sosthène Ducantal sur l'instrument de Paganini. Je ne suis pas un savant, je suis un fervent ; et c'est la messe d'un curé de campagne que je dis devant mon humble bibliothèque.

Mais si j'avais à recommencer ma carrière d'amateur de quinzième ordre, je ferais tout d'abord une belle collection d'outils de bibliophile, de livres spéciaux à la bibliophilie ; manuels, dictionnaires, traités, catalogues.

Je sais des collections inestimables de catalogues que d'ingénieux bibliophiles, trop peu fortunés pour acheter des livres de cinq, six, sept, huit et même de vingt mille francs, ont rassemblées et où ils lisent la description des trésors qu'il leur est défendu de toucher.

Ils ressemblent un peu, je l'avoue, à ces gourmands idéologues qui vont manger leur pain devant le soupirail d'une cuisine en renom ; mais à force de se nourrir de fumée, ils finissent par acquérir un flair relativement délicat.

La mode de rédiger des catalogues ne remonte pas, naturellement, aussi loin que celle de réunir des collections. Les premiers anciens catalogues qu'on peut se procurer, datent du commencement du XVIIIe siècle. Ils furent tout de suite admirablement rédigés par de savants libraires nommés Gabriel Martin, Barrois, Guérin,

Nyon ; puis après par Renouard, Bleuet, Merlin, Crozet, Silvestre (qui a donné son nom à la salle de vente pour la librairie), Labitte, Pottier, Jannet, etc. Aujourd'hui le roi des catalogueurs est le savant bibliophile Jacob (Paul Lacroix) dont les innombrables travaux en ce genre paraissent dépasser les forces humaines ; ce qui nous fait supposer qu'autour de lui se forme une école nombreuse de rédacteurs de catalogues. Dieu en soit loué !

Car le catalogue c'est l'histoire des Livres et le catalogue auquel on ajoute les prix de vente, c'est le catéchisme du bibliophile. Avec la description et le signalement du livre, on se rend compte de ce qu'il vaut intrinsèquement, avec le prix on juge de son cours.

Depuis quelques années, plusieurs libraires de Paris publient des catalogues mensuels qui, réunis en volume, formeraient aussi une collection instructive. En outre, il existe des catalogues de ventes célèbres qui sont arrivés à une valeur vénale relativement élevée. Le catalogue

La Bédoyère est classique pour toutes les publications de la Révolution et de l'Empire. Le catalogue de la collection Soleinne, uniquement formée de pièces de théâtre ou d'ouvrages concernant le théâtre, est la Bible des amateurs d'œuvres dramatiques. La vente Soleinne, qui eut lieu en 1844 et 1845, dans de mauvaises conditions, produisit 160,000 fr. Elle en produirait aujourd'hui 800,000. Son catalogue bien complet, relié en quatre ou cinq tomes, vaut une cinquantaine de francs lorsqu'il est annoté des prix. Le catalogue Peignot et vingt autres ont aussi leur valeur. Le catalogue Asselineau est un modèle de méthode, de science et de typographie. On a distribué, il y a deux mois, un catalogue de la vente G. P. qui contenait au moins vingt titres en *fac simile* des premières éditions de nos grands classiques.

Les chercheurs de renseignements positifs possèdent le *Manuel du Libraire* de Brunet. La dernière édition en 6 volumes mise en vente chez Didot à 120 fr. vaut aujourd'hui 300 fr. et on ne la trouve pas facilement. Malgré ses erreurs et ses lacunes, ce magnifique ouvrage est l'Évangile des amateurs de livres.

Je crois que c'est le plus beau travail de bibliographie qui ait jamais été fait pour les siècles antérieurs au XVIIIe ; mais à partir de là, il devient insuffisant. Si on veut connaître tout ce qui a été imprimé aux XVIIIe et XIXe siècles (sans estimation de prix toutefois) *la France Littéraire* de Quérard et de ses continuateurs est indispensable. Pour les quarante dernières années, nous avons les excellents travaux d'Otto Lorentz qui a donné dans son catalogue de la librairie tout ce qui a été produit en France, sans exception, et qui a eu la patience de le classer non-seulement par ordre alphabétique de *noms d'auteurs*, mais aussi par ordre alphabétique de *noms de matières*. Ce dernier catalogue des matières est merveilleux. Avant la date prise par Otto Lorentz comme point de départ, on ne peut que se servir du tome

V de Brunet et du *Manuel de Bibliographie universelle*, trois volumes publiés par Martonne et Pinçon dans la collection des *Manuels Roret*. Ce n'est pas aussi pratique que Lorentz, mais c'est ce qu'il y a de plus pratique ou plutôt il n'y a que cela.

Citons encore la magnifique et intéressante publication entreprise par Rouveyre et Blond, sous le titre de *Guide du Libraire-Antiquaire et du Bibliophile*, vade-mecum à l'usage de tous ceux qui achètent ou vendent des livres, par J. de Beauchamps et Ed. Rouveyre, et dont nous aurons l'occasion de parler plus loin.

Les spécialistes trouveront satisfaction à leurs goûts dans des recueils tels que la *Bibliographie des ouvrages relatifs à l'amour et aux femmes*, 6 volumes petit in-6 publiés chez Gay, à Turin, par MM. Jules Gay, Gustave Brunet, Paul Lacroix, le duc d'Otrante, sous un pseudonyme collectif dont les initiales ont fort contrarié le comte d'Ideville ; ou bien encore dans le splendide *Guide de l'amateur des li-*

vres à vignettes, grand in-8° de feu Henri
Cohen dont l'imprimeur Motteroz a fait une
merveille typographique.

Aux amateurs de géographie, aujour-
d'hui de plus en plus nombreux, je recommande le *Dictionnaire de Géographie
ancienne et moderne à l'usage du libraire et de
l'amateur de livres* par un bibliophile
(M. Pierre Deschamps), un volume grand
in-8° publié par Didot. C'est un complé-
ment presque obligé du *Manuel du Libraire.*

Les divers ouvrages d'Hatin sur la
presse périodique, la *Bibliographie romantique* et son supplément de Charles Asse
lineau, contiennent des indications précieuses. Les bibliographies spéciales sont
assez nombreuses pour former un fonds de
bibliothèque. J'ai parlé, à propos de Rétif
et du libraire Cazin, de celles qui concernent ces personnages. Je pourrais indiquer
la bibliographie moliéresque, d'autres encore, car la science du livre a poussé très
loin ses études, ses recherches et même
ses caprices. Je citerai donc, mais seulement

à titre de curiosités, la *Bibliographie jaune*
(cette couleur indique suffisamment sa spécialité) et la *Bibliographie clérico-galante*
publiées et rédigées, je crois — je n'affirme
pas — par un libraire bouquiniste, M. A.
Laporte.

Enfin la *Biblioteca Scatologica :*

Nos pères, beaucoup plus gaulois que
nous, ne méprisaient pas les histoires et
les contes Scatologiques, fort nombreux,
tant en vers qu'en prose, dans notre vieille
littérature. Rabelais, Beroalde de Verville,
et beaucoup d'autres depuis, ont cultivé
ce genre cher aux hommes de loi et aux
hommes d'église. Mais depuis qu'un général célèbre a héroïsé certain mot en le
jetant à la figure des Anglais, notre littérature n'ose plus y toucher. Je ne crois pas
que ce soit à regretter, cependant j'avoue
avoir bien ri lorsque j'ai lu pour la première
fois, les vers adressés par Madame, duchesse d'Orléans, au jeune roi Louis XV,
âgé de douze ans, sur le remède à suivre
pour une colique venteuse qui le faisait
souffrir.

Si l'on veut pousser les recherches plus loin, il faut avoir les *Supercheries littéraires dévoilées* de Quérard, le *Dictionnaire des ouvrages anonymes* de Baıbier, réimprimés avec un grand soin par feu Daffis, et dont nous attendons la table générale, avec peu d'espoir qu'elle soit jamais faite.

J'aurai, au cours de ce petit écrit, à citer d'autres livres qui rentrent par certains côtés dans la catégorie des *outils de bibliophile*; mais dès à présent, je crois devoir recommander aux Néophytes, aux Elyacins, les *Connaissances nécessaires à un bibliophile* d'Edouard Rouveyre. C'est le livre élémentaire par excellence; on y trouve les premiers principes déduits scientifiquement, ainsi que le manuel pratique du matériel nécessaire au collectionneur.

Ces outils du bibliophile, tels que je viens de les énumérer, représentent un capital d'un millier de francs. Quand on sait les manier, on n'est pas un savant, mais on tient en main le fil conducteur des grandes cata combes littéraires et scientifiques, ce qu₁ est déjà quelque chose. Je pense toute fois qu'il faut avoir touché des livres pour les connaître et qu'il faut avoir des livres à soi pour être bien à même de satisfaire sa passion.

C'est surtout en fait de bibliophilie que l'amour platonique est de la viande creuse.

L'HISTOIRE DES LIVRES

Beaucoup de livres ont leur histoire aussi intéressante que celles des autres monuments du génie humain.

C'est un titre de noblesse pour un livre d'avoir appartenu à la collection d'un bibliophile célèbre, qui n'admettait sur les rayons de sa bibliothèque que des exemplaires de choix, habillés par des relieurs en renom.

Le président Jacques-Auguste de Thou, auteur d'une *histoire de son temps,* déjà oubliée alors que Bossuet écrivait son

Discours sur l'histoire universelle, de mémoires assez estimés, d'un poème sur la
Fauconnerie et d'autres ouvrages, avait
réuni au commencement du XVIIᵉ siècle,
seize à dix-sept mille volumes superbement
reliés en maroquin rouge, citron ou vert,
en veau fauve et en vélin à ses armes.
Tous les livres publiés de son temps étaient
tirés sur un papier de luxe spécial qu'il
envoyait chez les imprimeurs (J. Janin a
renouvelé cette coquetterie exquise). A la
mort du président de Thou, le président
Charron, marquis de Ménars, acheta en
bloc tous ceux des livres de cette belle
collection qui n'allèrent pas augmenter les richesses du cabinet du Roy. Il
les sauva momentanément d'une disper-
sion fâcheuse que consomma la Révolution
de 1789. Aujourd'hui un livre provenant
de la bibliothèque du président de Thou
vaut de l'or. C'est un joyau qui éclaire le
plus illustre rayon de la plus riche bibliothèque.

N'oublions pas aussi de signaler les livres
de M. le marquis de Paulmy qui écrivait

l'analyse critique de tous les ouvrages en sa possession sur leurs feuilles de garde. Tout grand seigneur qu'il était, ses notices n'en sont pas plus bêtes ; elles dou_blent même la valeur vénale de l'exemplaire au lieu de la diminuer. Son sans-gêne avec ses livres en a fait des morceaux recherchés par les amateurs. Disons-le bien haut en l'honneur de sa caste et des bibliophiles en général, qu'on accuse d'un trop grand respect pour leurs richesses.

Je ne saurais énumérer ici toutes les qualités et toutes les bonnes coutumes des grands bibliophiles d'autrefois, mais je veux rappeler que le goût des belles bibliothèques était jadis le devoir des nobles et des riches. Un fermier général eût rougi de n'avoir pas une collection aussi magnifique que celle d'un président à mortier. Les illustrations de la galanterie s'honorèrent de suivre le mouvement. Qui ne s'est incliné presque respectueusement devant les reliures en veau fauve et à l'écu à trois tours de la Pompadour ? Qui n'a rêvé

ser le provoquant « boutez en avant » qu'on
lit sur les maroquins rouges de la Du
Barry ? Aujourd'hui les bibliothèques sont
en général bannies du noble faubourg
St-Germain. On collectionne les tapisseries, les émaux, les guipures, les faïences ;
beaucoup de faïences ; mais de livres,
point. Ah ! si, nous avons le *Stud-Book*
pour la jeunesse aristocratique des *Drags* et
des *paper-hand*.

N'enveloppons pas les Boursiers dans
cet anathème. Allumés par Caen, le malin
prédécesseur de Morgan et de Fatout, épe-
ronnés par Fontaine et chauffés par Rouquette, ils ont acheté des livres anciens
comme une valeur de Bourse et pèsent de
leur mieux sur les cours.

Quelques gens du monde ont fait comme eux et un amateur de cette catégorie m'a dit récemment à l'oreille :

« Je suis très content de mon *pâtissier
François*. En voilà un Elzévier qui se sou-
tient. 300 fr. de hausse depuis l'an dernier ! »

L'histoire des livres a fait un réel progrès depuis quelques années. M. G. de Beauchamps et M. Ed. Rouveyre publient en ce moment sous le titre de : *Guide du Libraire-Antiquaire et du Bibliophile* un recueil qui manquait absolument à la littérature bibliophilique. Au fur et à mesure que des catalogues de livres leur annoncent des ouvrages sérieux ou curieux, dignes de fixer l'attention des amateurs, ils les décrivent, racontent leur histoire et mettent le public éclairé à même de vérifier l'authenticité et le degré de valeur des exemplaires que chacun peut posséder.

Naturellement les livres s'offrent à eux un peu au hasard ; *Jérôme Paturot* coudoie Homère, *Paul et Virginie* vont bras dessus bras dessous avec *Hernani*. Cela offre l'imprévu et le charme d'un voyage au milieu d'une bibliothèque magnifique, composée de livres de choix en exemplaires de bibliophile.

De plus une série de planches reproduisent les types des plus célèbres reliures historiques. C'est dans la première livraison

du *Guide du Libraire-Antiquaire et du Bibliophile* que j'ai vu pour la première et unique fois de ma vie, ce que pouvait être une
des fameuses reliures de la bibliothèque
de Mme de Pompadour, dont je parlais
tout à l'heure. C'est splendide ! La plan-
che a été copiée sur l'exemplaire d'un livre
peu précieux : Une *Description géographique
de la Guiane*, qui vaut d'ordinaire 15 à
20 francs en bon état. A cause de sa reliure exceptionnelle, l'exemplaire en question s'est vendu 1,800 francs, il y a deux
ans. Il provenait de la vente du Baron
Pichon.

Voilà des curiosités tout à fait dans le
goût de la bibliophilie contemporaine.

Les catalogueurs ne manquent donc
jamais d'indiquer la provenance d'un livre ;
souvent même ils racontent les circonstan-
ces qui ont accompagné ses ventes successi-
ves. C'est par un catalogue de la maison
Fontaine (année 1872) que nous connais-
sons l'histoire de l'exemplaire unique
in-4° sur papier de Hollande, relié en
maroquin rouge, des œuvres de Voltaire

(édition de Kehl) destiné par Beaumarchais à l'impératrice Catherine II. Il y avait ajouté non seulement la suite des gravures avant la lettre, mais encore les dessins originaux de Moreau. M. Fontaine en était devenu l'heureux possesseur en 1860; il le vendit 18,000 fr. à M. Double. Lors de la vente de la collection de ce dernier, il fut mis sur table à 10,000 fr. et adjugé sans enchères à l'impératrice Eugénie. Par galanterie personne ne voulut le lui disputer. Après le 4 septembre, un amateur en offrit 40,000 fr., mais l'incendie des Tuileries fit disparaître ce bel ouvrage qu'on vendrait 100,000 fr. aujourd'hui, rien que pour les dessins originaux de Moreau.

Je crois savoir qu'un communard soigneux, prévoyant l'incendie, avait soustrait le *Voltaire* des impératrices Catherine II et Eugénie et que grâce à lui il figure aujourd'hui dans une illustre bibliothèque de Berlin.

Il est certain, en outre, que l'incendie de la bibliothèque du Louvre a été

précédé de déménagements intelligents
et que ses richesses n'ont pas été per-
dues pour tout le monde. Toutefois,
je serais désespéré que les lecteurs de
ce petit traité sur l'art de former une
bibliothèque prissent pour un exemple, bon
à suivre, cette façon de se procurer des livres précieux. Les voleurs de livres ne
sont pas des amateurs, ce sont des com-
merçants, témoin le célèbre Libri, dont le
nom prédestiné n'excuse pas les larcins.

Et puisque j'ai écrit le nom de Libri,
j'en profiterai pour dire que les douze ou
treize brochures écrites sur « son affaire »
forment, réunies, une curiosité bibliographique très recherchée et fort difficile à se
procurer. Leur lecture prouve que les amateurs anglais ne sont pas beaucoup plus
scrupuleux que les amateurs allemands sur
les origines de leurs acquisitions. Cependant
comme il y a dans tout — même dans cette
honteuse légende — une moralité ; lorsque
l'on vendra les riches collections des amateurs étrangers qui ont acquis, de cette façon,

certains morceaux de toute rareté, je doute
fort que le libraire chargé de l'opération
ose inscrire sur son catalogue : *provenant
des vols Libri*, ou bien : *volé lors des incen-
dies de la Commune.*

Mais cette moralité serait enore très
nsuffisante si je ne révélais ici un fait que
j'ai lieu de croire peu connu. Mme Libri,
qui a signé la fameuse pétition au Sénat,
est morte, édifiée sur le compte du
mari qu'elle croyait innocent — et ruinée
par lui ainsi que sa fille.

Quant au spoliateur, il est allé mourir
de misère dans un petit village d'Italie.

Où donc était le *trou* ! comme dit la
police. N'oublions pas que le crime est
toujours puni par le chantage et la compli-
cité. M. Libri a dû être furieusement
exploité depuis la révolution de février
jusqu'à sa mort misérable.

EX-LIBRIS

CARMOIRIES — CACHETS

Un beau livre volé est aujourd'hui souvent aussi difficile à revendre qu'un beau diamant.

Tout le monde bibliophile le connaît, en sait le signalement sur le bout du doigt. D'ailleurs les collections importantes sont marquées, non avec ces ignobles cachets gras qui déshonorent le titre d'un livre et sont tout au plus tolérables dans les administrations publiques, chez lesquelles les bibliothèques deviennent des immeubles par destination ; non point

davantage avec des timbres secs. Mais
avec des *ex-Libris* soigneusement gravés,
collés sur la garde — qu'on peut enlever,
il est vrai, — et mieux encore, par des armoiries sur les plats et des chiffres sur le
dos de la reliure.

La coutume des *ex-Libris* est charmante
et peu coûteuse.

Il y a des personnes qui font collection
des *ex-Libris*. L'éditeur Poulet-Malassis,
d'érotique mémoire, a publié sur ce sujet
amusant de l'histoire de la Bibliophilie,
un volume in-8°, accompagné de 24 planches, où il a réuni les types les plus recherchés parmi les *ex-Libris français*.

Quelques-uns sont de vrais petits-chefs-
d'œuvre de gravure et sont relevés en outre par une maxime piquante. Les plus
communs représentent les armoiries ou les
attributs professionnels du collectionneur
avec ces mots : *ex-Libris, ex-Musœo...ex-Bi-
bliotheca* d'un tel. Malgré toutes ces précautions, un amateur jaloux fera toujours bien
de se souvenir de ces deux vers que Guil-

bert de Pixérécourt avait fait insérer sur
le fronton de sa bibliothèque :

> Tel est le triste sort de tout livre prêté :
> Souvent il est perdu, toujours il est gâté.

Les plus minces bibliophiles tiennent
naturellement à leur bien autant que les
gros seigneurs. Et je suis de l'avis de ceux
qui ne prêtent point de livres. Il y a des
bibliothèques publiques instituées pour
rendre ce service aux travailleurs qui en
abusent d'autant plus qu'ils sont plus
haut placés. Villemain ne rendait jamais
les livres empruntés et il fallait la compli-
cité de son secrétaire pour que le prêteur
pût aller reprendre furtivement son bien.
Loménie gardait cinq ans un livre de dix
sous et refusait cyniquement de le rendre.

LES EX-DONO

Tout livre offert par l'auteur à un
ami, à un confrère est généralement accompagné d'une dédicace
autographe. Cet *ex-dono*, lorsqu'il émane
d'une main célèbre, peut souvent forcee la
plus-value du livre ; si la personne à qui
elle est adressée est également en vue, la
plus-value augmente encore. C'est en effet
la constatation de la première étape dans la
vie publique du volume qu'on possède.
J'ai acheté, en 1877, un exemplaire sur
papier teinté de *Gille et Pasquins* du poète

Glatigny ; il est orné d'un quatrain inédit
fort gentil, adressé à un personnage célèbre
aujourd'hui :

A mon ami Ranc :

Refrains aux vents jetés, du vent seul entendus,
Ces rimes sont un tas de grains de plomb perdus.
Mais pourtant, j'ai cru voir parfois dans l'a clai-
Un fantoche porter la main à son derrière. [rière

Voilà un état civil qui suffit pour illus-
trer mon joli bouquin.

Les plus charmants envois sont de Théodore de Banville ; rien n'égale la fécon-
dité et l'ingéniosité de ce poète qui n'a
pas d'ennemis. Les rimes sont soignées
comme l'écriture, alliance bien rare dans le
monde des muses.

D'autres fois un *ex-dono* contient des
détails intéressants sur l'ouvrage, témoin
celui que je vais transcrire et qui est placé
sur la garde de l'exemplaire du *Parnassi-
culet contemporain* offert par Paul Arène, le
frère du député, à Charles Monselet :

« Cette parodie du *Parnasse contemporain* fut
imaginée et composée en commun par la colonie
dite de Clamart, alors que nous y demeurions,

Alphonse Daudet, Jean du Boys, Charles Bataille et moi (M....! ce papier boit, je continue au crayon). Charles Bataille absent pour quelques jours ne put en être. Delvau venant déjeuner et présent à l'éclosion du projet (il trouva même le titre) se chargea de l'impression et de la besogne matérielle. Ce fut lui qui nous apporta quelques pièces d'un monsieur que j'appris être depuis M. Renard, bibliothécaire de la marine.

« L'eau-forte représentant la *Muse au Chat,* est du peintre Delor, élève de Gérôme;

« L'*Avertissement,* d'Alfred Delvau ;

« *Une séance littéraire à l'hôtel du Dragon bleu* de moi ;

« *Avatar,* de moi ;

« L'*Automate,* de Jean du Boys ;

« *Tristesses de Narapalisijou,* de Jean du Boys

« Le *Martyr de saint Labre,* de Daudet;

« *Mélancolie équatoriale,* de Renard ;

« *Panthéisme,* de Jean du Boys ;

« Le *Convoi de la Bien-Aimée,* de Renard ;

« *Gae l'Imar au grand pied,* de moi ;

« *Madrigaux sur le mode thébain,* d'A. Daudet;

« *Bellérophon,* de moi. »

Janin avait *l'ex-dono* en vers facile, trop facile même. M. Piedagnel, son secrétaire, en a reproduit plusieurs dans un volume consacré à la mémoire de son maître. M. Ulric Richard-Desaix, un bibliophile aimable et érudit, a bien voulu me communiquer deux *ex-dono* qui ne figurent pas dans le livre de M. Piedagnel.

Le premier inscrit sur un exemplaire de

la traduction d'Horace est adressé (1860)
au grand peintre de portraits Pérignon :

> Le Pérignon disait à ses modèles :
> « Les belles, je les peins pour rien ;
> « Mais il faut que je vive. Eh bien !
> « Les laides payeront pour les belles ! »
> Que pensez-vous qu'il arriva ?
> En fin de compte, il se trouva
> Que la plus laide était jolie ;
> Heureuse et contente et ravie,
> En ces tableaux qu'elle approuva,
> Pas une d'elles ne paya
> Cet art qui l'avait embellie.
> Trahi par son chef-d'œuvre, enfin,
> Le grand peintre mourut de faim.

Le second a été écrit sur un exemplaire des *Amours du Chevalier de Fosseuse*,
dont l'héroïne se nomme la comtesse de
Bagneux. Le quatrain est adressé à M. Ba-
gier, alors directeur du Théâtre Italien.

> Quoi d'étonnant si la tendresse
> Se gagne au spectacle amoureux,
> Que Monsieur Bagier s'intéresse
> A la comtesse de Bagneux ?

Quel drôle de galimatias ! J'aime encore
mieux la demi-indécence du poète crotté
Glatigny, et même cet envoi cavalier
adressé par M. Deyeux à Jules Janin avec
ses *tablettes de saint Thomas.*

Je n'aime pas ton habitude
De trancher comme tu le fais.
D'ailleurs, si mes vers sont mauvais,
Tu n'en as pas la certitude.
Mais j'ai peur de toi ; si tu vas,
Dans l'hypothèse où tu les goûtes,
A ton tour exprimer des doutes,
Le diable emporte saint Thomas !

Il y aurait un volume à faire avec les *ex-dono* et un volume à la fois instructif et amusant.

Je livre cette idée à un homme patient.

CHOIX DES LIVRES

LE plus souvent, il est tout indiqué soit par les appétits personnels, soit par la profession du collectionneur.

Un auteur dramatique, un acteur colligeront les pièces de théâtre. C'est ainsi qu'avec des ressources très restreintes, un artiste, aujourd'hui tout à fait oublié du public — Francisque Jeune, qui se fit presque une réputation en jouant le rôle de Pierrot, dans la *Grâce de Dieu* — s'était formé, de 1825 à 1860, une collec-

tion très importante de pièces, collection
qui a été l'embryon de la riche bibliothèque de la Société des Auteurs dramatiques.

Un homme de loi collectionnera la juris-
prudence, un médecin les livres de son
art. A ce fond spécial viennent se joindre
les livres d'affection, ies ouvrages des auteurs préférés. Ces collections-là prospè-
rent, se complètent tous les jours ; le goût
s'y mêlant, elles deviennent de vrais trésors. Mais le monsieur qui débute par
acheter une *Histoire de France* d'Henri
Martin, les *Œuvres de M. Thiers*, un *Dictionnaire de la Conversation* et la *Biographie
universelle* ne sera jamais un bibliophile. Il
en est de même pour ceux qui demandent
tant de mètres d'in-octavo reliés pour ce
qu'ils appellent *Bibliothèque de cabinet* (Cabinet de dentiste, d'agent d'affaires ou de
négociateur matrimonial).

J'augure mieux du pauvre hère qui
achète chez le bouquiniste, dans la case à
trente centimes ; celui-là du moins sacrifie
à l'idéal.

Il serait presque impossible d'énumérer les goûts divers, les passions bizarres des bibliophiles et des bibliomanes. Elles sont aussi nombreuses qu'il y a d'étoiles au ciel et de grains de sable au fond de la mer. Je ne sais pas, par renseignements précis, s'il existe un collectionneur de mauvaises éditions, mais je gagerais qu'en cherchant un peu, je le rencontrerais. En biblio_ philie, on collectionne tout, absolument tout.

On connaît l'histoire de ce collection-neur de tableaux qui en avait fait peindre un représentant un garde française et une grisette, dans l'instant même qui suit le premier épisode de la *Permission de dix heures* et qui précède le second. Il était heureux en le regardant ; mais après l'a-voir mis en place, il se souvint que tous les dimanches son fils et sa fille, gamins de douze ans, sortaient de la pension. Que faire en cette occurrence? Rappeler le pein-tre et le prier de mettre une haie devant les héros de cette scène intime. C'est à quoi il se décida.

« — Mais on ne les verra plus ! dit l'artiste ébahi.

« — Qu'est-ce que cela me fait, répliqua l'amateur, en se frottant les mains, puisque moi je sais qu'ils y sont ! »

A son exemple, l'amateur de livres pornographiques, qui n'a pas pris son courage à deux mains, comme feu l'aimable M. H..., est forcé de cacher ses joyaux dans un coin obscur de son cabinet. Je ne m'occuperai donc pas ici, non point par pruderie, de ce genre de livres ; mais parce que ceux qui les aiment n'ont besoin de personne pour les trouver.

Il y a des amateurs ingénus que les premiers pas embarrassent. Ceux-là m'intéressent.

A la personne bien intentionnée qui me demanderait des conseils pour installer une petite bibliothèque de maison de campagne, je répondrais sans hésiter :

« Achetez cinq cents volumes de romans chez Lévy, Charpentier, et chez Rouveyre et Blond, ajoutez-y un Victor Hugo complet, la réimpression des *Mé-*

moires du XVIIIe Siècle de chez Didot, une collection des *classiques français,* dite du prince impérial, de chez Plon, les vingt livres nouveaux de l'année, un Larousse pour l'érudition facile et vous aurez tout ce qu'il faut pour passer votre temps les jours de pluie. Si votre maison de campagne est sur le bord de la mer, joignez-y les œuvres de Jules Verne et remplacez les *Mémoires du XVIIIe Siècle* par une *Bibliothèque des Voyages.* Faites cartonner élégamment les in-18 et au-dessous par Pierson et relier les volumes plus grands chez un relieur travaillant très solidement. »

A la campagne, les dictionnaires et les romans sont les seuls livres utiles. A cette occasion, je rapporterai ce que j'ai vu, il y a une dizaine d'années. Un voisin de villégiature étonnait véritablement toute une petite colonie d'artistes et de gens de lettres par la variété de ses connaissances. Il savait tout.... mais toujours le lendemain. Il raccrochait le plus habilement possible la conversation du jour à celle de la veille et alors il s'étendait sur le personnage dont

4

on n'avait fait qu'effleurer la vie, sur l'événement au sujet duquel on avait discuté.

Un *Dictionnaire de la Conversation* et une *Biographie générale*, de chez Didot, en faisaient un Bénédictin et opéraient seuls ce miracle.

Aujourd'hui le *grand Dictionnaire du XIXᵉ Siècle* vaut mieux que tout ce qui a été fait avant. Il est malheureux toutefois que son fondateur soit mort avant de l'avoir terminé.

Notre siècle est favorable aux dictionnaires. On disait autrefois des églises qu'elles étaient les livres de ceux qui ne savaient pas lire ; on peut dire aujourd'hui des dictionnaires, qu'ils sont les bibliothèques de ceux qui ignorent tout. Sans oublier qu'ils font souvent faute à ceux qui croient savoir. Que de discussions inutiles n'engage-t-on point sur une date ou sur un fait, ou même sur l'orthographe d'un nom de localité ! J'en ai vu des déjeuners empoisonnés et des soirées compromises, et cela faute d'un dictionnaire...

LES MEUBLES-BIBLIOTHÈQUES
ET L'ARRANGEMENT DES LIVRES

Ici je demande encore la permission de faire un léger cro-
chet, mais il est absolument
utile.

Les premiers livres achetés, il faut un
meuble pour les loger.

Que ce meuble soit assez profond pour
qu'on puisse y installer deux rangées de
grands in-8° ou trois rangées d'in-12.

Certes, il vaudrait mieux que les rayons
fussent moins chargés en profondeur ; mais
les appartements sont si petits à Paris

qu'un bibliophile doit se résigner à regagner
en épaisseur ce qu'il perd en surface.
Le meuble ne doit pas dépasser la hauteur à
laquelle votre bras atteint ; vous mettrez
au-dessus vos scrupules, vos tableaux, vos
potiches, toutes choses qui s'harmonisent
à merveille. Enfin qu'il soit ouvert. Les
livres, et surtout les reliures ont besoin
d'air. Un livre est un être vivant, il faut
qu'il respire. Je suis convaincu, par expérience, qu'à la longue un volume relié
s'abîme moins sur un rayon, que dans un
meuble hermétiquement fermé. Nos an-
cêtres, qui joignaient la prudence à la connaissance des choses, mettaient souvent
des portes à leurs armoires-bibliothèques,
mais elles étaient grillagées. Aujourd'hui,
les vrais amateurs ont des armoires ou-
vertes ; je ne les blâmerai pas si leurs
armoires n'ont pas de coins creux et pro-
fonds où les livres se perdent, si leurs
rayons sont confortablement doublés de
drap, et si, dans le voisinage, ils installent
avec art quelques pièges à loups.

Pour qui n'a pas plus de cent ou deux cents volumes, la bibliothèque est un meuble comme la chaise longue sur laquelle on fait la sieste ; elle fait partie intégrante du mobilier et doit être du même bois. Elle peut être indifféremment l'armoire où on sert les livres professionnels ou bien la logette d'amis, poètes ou prosateurs, qu'on lit de préférence.

Au contraire, lorsque le nombre de volumes atteint ou dépasse le chiffre de mille, la pièce où l'amateur enferme ces richesses devient vite un temple ; et comme la place y est toujours mesurée, il convient de bien choisir ce qu'on y introduit et d'y regarder à deux fois avant d'en ouvrir les portes à des nouveaux venus. Il n'y a que les personnages à hôtel qui peuvent admettre dans leur collection n'importe quel livre sans compter.

Aujourd'hui qu'il est presque impossible d'aborder les éditions anciennes, que le moindre Almanach du XVIIIe siècle, dans un état médiocre, coûte dix fois ce qu'il

valait à sou apparition, les bibliophiles
savourent le plaisir en ornant eux-mêmes
les livres contemporains. J'ai dit, au début
de ce petit traité, que la librairie courante
actuelle était généralement vilaine. Cependant un homme de goût peut encore en
en tirer un parti sortable, ne fût-ce qu'en
faisant coller tout livre nouveau à l'instar
de la bibliothèque de la rue Richelieu.
Ceci soit dit à la honte éternelle de l'impri_
merie dite nationale, qui emploie pour beaucoup de ses impressions du papier non collé.
Je parle ici pour les collectionneurs jeunes
ou nouveaux qui commencent leur bibliothèque en ce moment ; ils feront bien de
méditer avec déférence et componction
les conseils que leur offre un amateur
qui a fait trop d'écoles et qui sait ce que
lui coûte d'avoir commencé sa bibliothèque
avant d'y avoir mûrement réfléchi. Ces
conseils ne sont pas le fruit de lectures,
mais le résultat d'une expérience assez longue, excitée par bon nombre de déceptions.

Aux hommes qui veulent se former une

bibliothèque, je recommande très sérieuse-
ment de s'imposer tout de suite une méthode pour relier et conserver les livres.

Et d'abord, il faut adopter un modèle
général de reliure qui peut varier de couleur suivant les branches des connaissances
humaines auxquelles appartiennent les
livres, mais qui donne, par son ensemble,
à une collection, une apparence de haut
goût.

La reliure en veau ou en maroquin plein,
avec nervures, petits fers, dentelles, etc.,
exécutée par Chambolle Duru, est un luxe
de millionnaire. Comme tous les grands
artistes, les grands relieurs sont intraitables ;
non seulement il faut couvrir d'or l'ouvrage de leurs mains, mais il faut l'attendre
quinze, dix-huit mois et même deux ans,
fût-on prince, roi ou chef de République.

La demi-reliure dite *Janséniste* est loin de
la vraie reliure janséniste. Cependant elle
se recommande elle-même par la simpli-
cité avec laquelle son titre se présente aux
yeux, sans concurrence de dorures et de
vains ornements. Je ne proscrirai pas ce-

pendant une demi-reliure d'amateur bien
conditionnée avec pièces au dos, qui peut
satisfaire les gens délicats.

La règle est que les pièces ne doivent
jamais être plus claires que le dos. Toutefois
quelques amateurs, et je suis de ceux-là,
aiment une pièce verte ou rouge ou bleue,
sur un dos noir.

Les couleurs sombres sont toujours
réservées pour les livres un peu gros. Pour
les plaquettes, on affectionne généralement
les couleurs vives.

Il faut se méfier des bleus tendres, des
violets brillants et surtout des verts clairs.
Les maroquins rouge, Lavallière, bleu foncé
et les veaux fauves changent peu. Pour les
plats, autant que possible acheter le papier
à *escargots* ou à *jaspures* dans le goût du
xviiie siècle.

Il y a aussi une demi-reliure très simple
fort à la mode en ce moment. Le dos est
sans nervures ; le titre sur pièce ou non,
est placé en haut (à l'anglaise) et la date
de l'édition au bas. C'est d'un très bon
effet. Un dos marron, avec un joli papier

à *escargots*, où le rouge et le blanc dominent, cela vous a un relief très amusant pour l'œil.

Beaucoup de relieurs rechignent sur le papier à *escargots* ; ils n'en ont pas, ils ignorent où s'en procurer, ils ne savent même pas s'il en existe encore. Allez chez le fabricant, rue des Anglais, en acheter vous-même à quatre sous la feuille. Cela vaut la course.

Aucun livre ne doit être rogné. Il doit être simplement ébarbé ; la tête peut être peigne, mais je la préfère dorée. La peinture peigne se dénature assez vite, tandis que la dorure soigneusement exécutée traverse les siècles.

Il faut toujours faire relier un volume avec sa couverture imprimée, même lorsque cette couverture est semblable au titre.

La dorure constitue le grand mérite des reliures de notre temps. Jamais on n'a su poser un titre aussi droit, aussi net — et l'emploi des caractères maigres a beaucoup favorisé ce progrès. C'est Loric qui a donné le signal de cet heureux progrès.

Quant à la reliure considérée en elle-même, elle a incontestablement aujour-d'hui des qualités supérieures d'élégance, mais elles sont acquises trop souvent même chez les relieurs réputés, aux dépens de la solidité. Le carton employé pour les plats est souvent trop mince ou trop cassant ; on l'entaille pour placer les coins avec plus de fini et c'est une faute. Là comme partout, l'emploi, et parfois l'abus des moyens mécaniques n'a pas pu remplacer la perfection acquise par la main de l'artisan, de l'artiste.

Ne pas oublier de faire toujours placer la date de l'édition en bas du dos de la reliure, sous le dernier nerf. Cela a tout à fait bon air.

Enfin — et c'est là le grand art de tous les bibliophiles et de tous les libraires d'aujourd'hui — il convient d'ajouter à son volume tout ce qui peut en augmenter le prix. Si l'on n'a pas pu se procurer un exemplaire sur papier de luxe, on doit

veiller à ce que l'exemplaire ordinaire que
l'on veut faire relier soit exempt de ces
tares ignominieuses qui souillent et macu-
lent les feuilles de l'imprimerie. Puis on y
joint un portrait de l'auteur, soit en gravure, soit en photographie ; s'il se peut,
un autographe ; des suites de gravures
faites pour d'autres éditions, soit avant la
lettre, soit en divers états. Du plus mince
morceau bibliophilique, on arrive ainsi à
faire un plat recherché et délicat.

J'affirme qu'une bibliothèque conçue
sur ce plan, commencée en 1882, composée uniquement de premiers tirages et
continuée pendant vingt ans — à cent
volumes par année — représenterait, au
bout de ce laps de temps, au moins une
cinquantaine de mille francs ; et elle ne
contiendrait que des livres absolument
modernes, même contemporains.

LES RELIEURS

Je ne saurais trop répéter que les bibliophiles novices ne doivent jamais s'effrayer des difficultés qui hérissent la vie du collectionneur. En bibliophilie, on peut tout faire et l'on a tout fait. On a fait — je l'ai déjà dit — un livre sur les *ex-libris*. M. Joannis Guigard, l'un des attachés savants, patients — et il était en outre fort complaisant — qui ont passé par la bibliothèque de la rue Richelieu, a fait l'*Armorial du Bibliophile*. C'est le vade-mecum des amateurs de reliures

armoriées comme M. Quentin Bauchard,
le fils du célèbre député. Il existe aussi un
ouvrage publié chez Rouveyre et Blond :
La reliure ancienne et moderne, contenant des
fac-simile de reliures de Raffet, Clovis Eve,
Ruette, le Gascon, Dusseuil, Padeloup,
Derome, Bozerian, Capé, Duru, Simier,
Niédrée, Bauzonnet, etc.

Avec ce livre, on peut tout faire, tout
combiner, tout agencer.

Cependant, il faut toujours regarder le
fond de sa bourse quand on commence à
avoir la passion de la reliure. Mais à côté
des très grands et très chers relieurs du
jour, il y a les Smeers, les Raparlier, les
Frantz, les Pierson et d'autres encore qui
travaillent tout aussi bien, dans de meilleures conditions et beaucoup plus rapidement. De plus, ils daignent suivre les
indications du client, ce que ne font pas
toujours leurs plus orgueilleux confrères.

J'ai dans ma bibliothèque plusieurs reliures fort bien faites quoique un peu
lourdes, signées : Clémence ; M. Clémence

était un ouvrier habile qui fut membre de la Commune comme, Varlin, également ouvrier relieur. Je crois que M. Clémence se serait illustré dans son art, s'il s'y était adonné avec amour; mais la politique et ses exigences se concilient mal avec les nervures, les petits fers et les plats à filets. Presque tous les bons relieurs ont été ouvriers et cela est nécessaire comme pour les maîtres imprimeurs. On ne mène jamais bien un atelier où le tour de main et le goût jouent un grand rôle, si on n'a pas travaillé soi-même. L'imprimeur qui montre aujourd'hui le plus de goût pour les illustrations, M. Motteroz, a été ouvrier et s'en fait gloire. M. Motteroz est du reste un des rares imprimeurs de Paris dont on puisse relier les livres sur papier ordinaire dès le lendemain de leur impression.

Généralement les imprimeurs chargent leurs formes d'une encre épaisse qui donne sur le moment plus d'aspect au caractère ; seulement, dès le lendemain, ce brillant aspect macule la feuille voisine, et lorsque pour le relier on passe

le livre au battage ou au laminoir, deux
pages n'en font plus qu'une et il s'en suit
un gribouillis tout à fait désagréable. Il est
de règle de ne faire relier un volume
que lorsqu'il est complètement séché ;
ce dont on peut s'assurer en plaçant une
feuille de papier blanc sur une page, puis
en frottant avec le dos de l'ongle, ou un
couteau à papier. Si le livre est reliable, la
feuille blanche sort intacte de cette épreuve.
Pour les papiers de Chine, le sec s'opère
instantanément; pour les papiers ordinaires
en quelques mois ; pour les vergés de
Hollande ou autres, il faut souvent quatre
ans et parfois davantage.

Quelques amateurs riches adoptent
pour leur bibliothèque une reliure absolument uniforme. Ils ne varient même pas
les couleurs suivant les catégories d'ouvrages. C'est un bon et beau système ;
mais s'ils sont logiques, ils doivent faire
casser les volumes anciens qu'ils achètent
reliés, afin de les réhabiller après à leur
mode particulière. Quant à moi, si j'ad-

mire ces enfilades majestueuses de livres
semblables, je suis loin de dédaigner la
bibliothèque variée de couleur, d'époques
et de modes. — C'est plus gai — d'ailleurs j'aime beaucoup le livre vêtu selon
le goût de son temps, même quand ce
goût est devenu quelque peu ridicule. Je
ne dis pas cela, bien entendu, pour les fleurons et les compartiments du xvie siècle,
ni pour les petits fers du xviie, ni pour
les exquises dentelles du xviiie. Mais le
triangle révolutionnaire ne me déplaira
pas plus sur le dos d'un Marat que la lyre
timbrée sur le dos de Lamartine. Rien ne
m'égaie comme les trèfles prétendus go-
thiques des troubadours de 1820. Je suis
enfin de ceux qui trouvent bon air au
Mémorial de Sainte-Hélène, illustré par
Charlet, aux histoires de Napoléon illustrées
par Raffet et H. Vernet, dans ces reliures
de 1840, à dos plats et à emblèmes bona-
partistes dorés largement. Je conseille
donc aux personnes qui commencent une
bibliothèque, et j'insiste sur ce point,
d'adopter pour les livres à eux, pour les

livres qu'ils forment, qu'ils complètent eux-mêmes, une reliure pourvue soit de couleurs spéciales, soit d'ornements personnels, et de conserver ou de restituer au contraire aux livres du temps passé les reliures de leur époque. Ce qui est possible, car tous les fers des grands relieurs anciens se retrouvent assez facilement.

Il me reste à donner un conseil aux bibliophiles de province qui n'ont pas sous la main, pour les livres courants, un relieur expérimenté. Qu'ils fassent mettre à leurs volumes sur brochure un cartonnage à dos de basane. Ce sera laid, mais du moins les livres seront sauvés et l'on pourra les faire relier plus tard, s'ils en valent la peine.

L'HISTOIRE DE FRANCE

Je suis journaliste depuis trente ans et depuis trente ans le public m'a souvent honoré de correspondances intimes. Parmi les questions qui m'ont été le plus fréquemment posées, je placerai en première ligne celle-ci :

Quelle est la meilleure collection d'ouvrages pour apprendre l'Histoire de France ?

Je n'ai jamais eu le temps ni la place nécessaire pour répondre à cette question.

Avec soixante et quinze volumes on

peut avoir une série d'*Histoire de France* complète depuis Pharamond, premier roi des Francs, jusqu'à M. Thiers, premier chef du pouvoir exécutif de la République actuelle. En voici la liste :

L'*Histoire de France jusqu'en* 1789 : celle d'Henri Martin ou mieux celle de Michelet. A mon humble avis, le gros ouvrage d'Henri Martin ne vàut pas beaucoup plus que celui d'Anquetil. Celui de Michelet au contraire est magnifique, et s'il contient parfois des aperçus audacieux, au moins ne renferme-t-il jamais de niaiseries ;

La Révolution : ou Louis Blanc ou M. Thiers ; mais l'un ou l'autre toujours accompagné d'un Michelet. Michelet a mieux compris la Révolution que Louis Blanc ;

Le *Consulat et l'Empire :* M. Thiers, il est jusqu'à présent le seul complet ;

Les *Deux Restaurations :* les huit volumes de Vaulabelle. A force d'être estimable, ce livre mérite presque de l'admiration ;

Louis-Philippe : « l'Histoire de dix ans »

de Louis Blanc, le chef-d'œuvre du maître écrivain; et « l'Histoire de huit ans, »
d'Elias Regnault ;

1848 à 1851 : Garnier-Pagès, ou Lamar-
tine, ou Mme d'Agoult (Daniel Stern); ce dernier assez bon livre ; et H. Castille, quatre
volumes ingénieux, pleins de flamme, mais
incomplets ;

L'*Empire :* Taxile Delord, jusqu'à présent seul ;

Du 4 septembre à la chute de M. Thiers :
Quatre volumes de M. Jules Simon.

Je pourrais varier cette liste à l'infini et
y ajouter même d'autres ouvrages ; mais
je ne crois pas que je l'améliorerais.

Aux livres d'histoire écrits par des histo-
riens qui racontent ce qu'ils n'ont pas vu,
comme M. Thiers ou le président Hénault,
les gens, qui veulent savoir l'histoire vraie,
préfèrent les *Mémoires* des contemporains
et pour ceux-là des éditeurs intelligents ont
fait des collections que je vais énumérer
rapidement et qui au nombre de cinq ou

six, forment encore un contingent de 300
à 350 volumes.

Il y a la collection éditée par les frères Petitot et M. Monmerqué ; celle de
M. J.-A. Buchon et celle de M. Gui-
zot et leurs annexes, puis la collection
Michaud et Poujoulat. Elles comprennent les
plus anciennes légendes jusqu'aux mémoires du temps de Louis XVI. Je me
garderai bien d'oublier la suite officielle
des *documents inédits* et celle quasi officielle
de la *Société de l'Histoire de France*.

Pour la Révolution, on a la collection
Barrière — 56 volumes in-8° — qui a été
rééditée récemment en plus petit format
et augmentée par Didot.

On pourra y joindre un certain nombre
de publications isolées sur l'Empire, la
Restauration et le règne de Louis-Philippe.

Voilà pour la grosse moisson ; mais les
infiniment petits ont aussi leurs glaneurs.
Rien n'est à dédaigner dans l'histoire. Les
archives de Cimbert et Danjou, la première *Revue rétrospective* de Taschereau

ₛont de fort bons livres. M. Lorédan Larchey, de la Bibliothèque de l'arsenal, avait voulu commencer une série de ce genre dans la bibliothèque des *Mémoires du XIXᵉ siècle.* Un seul volume a paru, ce qui est dommage, mais le jalon reste planté.

La Restauration est l'époque sous laquelle les mémoires ont été le plus à la mode. J'estime à huit cents le nombre des volumes de mémoires importants publiés de 1816 à 1834.

Une bonne collection historique doiᵗ faire une certaine part à la littérature. Je recommande aux collectionneurs, pour leur casier littéraire, la *Bibliothèque elzévirienne,* commencée il y a une trentaine d'années par un éditeur (Pierre Jannet), qui donna en France le signal de la renaissance typographique. Interrompue plusieurs fois, puis reprise par différents libraires, cette bibliothèque forme un ensemble de cent cinquante-huit volumes dont la physionomie est bien connue des amateurs. Recouverts d'un léger cartonnage en percaline rouge, avec une sphère sur le dos, imprimés en caractères elzéviriens sur papier de fil et dans un format commode, ils ont plus fait pour rajeunir la popularité de nos vieux auteurs que tous les cours de littérature passés et présents.

Il est difficile de rencontrer la *Bibliothèque elzévirienne* complète ailleurs que chez les collectionneurs. Cependant avec quelque peine et une dépense de douze cents francs, il est encore possible d'en réunir une collection. Dans quatre à cinq ans, cela ne se pourra probablement plus.

Ronsard, Senécé, Villars, Saint-Amand, Scarron, Bussy-Rabutin, Jehan d'Arras, Gauthier, Garguille, Furetière, Gringore, Strapparole, Tabarin, y coudoient Corneille, Molière, La Fontaine.

Cette utile et belle bibliothèque, que l'on pouvait croire définitivement interrompue, vient d'être acquise par la librairie Plon qui annonce formellement l'intention de la continuer. Que ceci serve d'exemple et de leçon à notre ministère de l'instruction publique ; il laisse honteusement continuer par l'Allemagne la suite interrompue des *anciens poètes de la France*, commencée par M. Guessard, qu'elle a conduit à l'Institut et qu'il a lâchée dès que la porte de la docte assemblée lui fut ouverte.

Si l'on joignait aux livres que je viens d'énumérer le *Journal de Barbier* récemment réédité par Charpentier, les *Mémoires secrets pour servir à l'histoire de la République des lettres*, improprement appelés « Mémoires de Bachaumont, » un Métra, une correspondance de Grimm et une de Laharpe, on aurait parfaitement raison, car on réunirait sous sa main, en cent et quelques volumes, les plus vivants documents de la vie si agitée et si aimable du XVIIIe siècle.

Pour le XIXe siècle, je signalerai l'annuaire historique de Lesur, livre démodé mais utile, la réimpression de l'ancien *Moniteur*, la *Revue des Deux Mondes* (une collection complète coûte de seize à dix-huit cents francs), mais sa prétendue table est si mal faite qu'on ne peut s'en servir. Je lui préfère la *Revue britannique,* plus modeste mais plus originale et surtout plus instructive sans en avoir l'air. Il conviendrait aussi de joindre à ce fond un recueil des anciennes lois d'Isambert et la collection Duvergier.

On le voit, avec les livres, même lorsque l'on n'aborde qu'une catégorie, le nombre déborde tout de suite.

N'ai-je pas déjà dit, et n'est-ce pas le cas de le répéter ici, que le catalogue des livres et manuscrits relatifs à l'Histoire de France, déposés à la Bibliothèque Richelieu, formait quatorze forts volumes grand in-quarto ?

ÉDITEURS, IMPRIMEURS, MARCHANDS
DE LIVRES

S'il faut toujours consulter le *Manuel du Libraire* de Brunet lorsqu'on veut faire l'acquisition d'un livre ancien, et j'appelle ici ancien, tout ce qui est antérieur au XVIIIe siècle ; on doit toujours regarder le nom de l'éditeur et celui de l'imprimeur pour les livres imprimés depuis quatre-vingts ans.

Tel accouplement d'éditeur et d'imprimeur suffit pour créer à un livre une valeur réelle. Certains imprimeurs savent donner du cachet et du prix à un livre de

peu d'importance et certains éditeurs ne
confieront jamais d'impression à de mauvais
ou médiocres imprimeurs.

Quand le livre n'est pas un livre usuel
ou de librairie courante, sa confection est
souvent aussi soignée que celle d'un objet
d'art. Lorsque vers 1840, les éditeurs
Bourdin et Dubochet confiaient au typo-
graphe Lacrampe ces magnifiques illustrés
qu'ils vendaient vingt francs le volume, et
qu'on s'arrache aujourd'hui dans les ventes,
le papier, les caractères, les bois, le tirage
ne devaient rien laisser à désirer. On
ne tirait les feuilles qu'après une mise
en train qui dépassait souvent quatre jours.
Enfant, j'ai visité les ateliers de Lacrampe,
dont le fils était de mon âge, et j'ai vu les
moyens restreints dont il disposait ; je puis
donc affirmer que c'était à force d'ha-
bileté professionnelle qu'il atteignait la
perfection. Malheureusement le papier de
ce temps se pique et se roussit d'une façon
déplorable. Que le nôtre n'en tire pas
vanité ; on y introduit 25 % de terre à

porcelaine, ce qui augmente d'autant son poids, mais non sa solidité.

Un autre ouvrier de première force mérite notre souvenir. Il s'appelait Fournier et fut le prédécesseur de Claye auquel a succédé Quantin, imprimeur et éditeur, qui laissera un nom dans l'histoire des Livres. Les livres de Fournier étaient des morceaux de choix. Lorsqu'il fut contraint, par des revers de fortune, de quitter Paris, M. Mame le prit et le chargea de la direction de sa célèbre imprimerie de Tours. C'est à Fournier que ce grand établissement doit en partie sa réputation.

Aujourd'hui que toutes les sciences et tous les arts concourent à la perfection typographique, on ne fait pas mieux que le père Lacrampe, on fait autre chose ; le luxe déborde dans les papiers, dans les fontes, les illustrations en noir, en couleur, en or, mais le tirage n'est pas plus pur que celui qui sortait de la petite imprimerie de la rue Damiette. Quant à la correction, il n'en faut plus parler. Sauf en quelques

ateliers qui se respectent, on ne se donne
ni la peine de relire, ni celle de corriger.

La faute typographique est si multiplée
qu'on ne veut plus d'*erratum*. Il ferait, par
son ampleur, concurrence au dernier chapitre. C'est là un mal récent et auquel il
serait utile de couper court.

Sans aller bien loin en arrière, nous
pouvons citer une maison d'éditeur-imprimeur dont les livres, à bon marché cependant, sont aujourd'hui primés, uniquement
parce qu'ils sont exempts de faute, bien mis
en pages et proprement tirés. Les éditeurs
Poulet-Malassis et de Broise, d'Alençon,
ont publié dans le format in-18 jésus,
sous le second Empire, une certaine
quantité de volumes de Charles Monselet,
Baudelaire, Maxime Du Camp, Théodore
de Banville, Théophile Gautier qui sont
déjà très recherchés et valent souvent un
louis, alors qu'ils ont été mis en vente à
3 fr. 50. Chose curieuse, Poulet-Malassis
et de Broise ne réussirent pas, ils faisaient
trop bien pour le moment. Poulet-Malassis était un vrai bibliophile, il a fini

tristement en Belgique, éditant des livres qu'on ne permettait pas en France.

Aujourd'hui, tous les livres qui sortent des presses de Jouaust fils, de Quentin, de Motteroz, de Darantiere, et qui sont édités par Conquet, Lemerre, Liseux, Morgan, Rouquette et par Rouveyre et Blond, sont notés au passage par les amateurs.

Disons-le, à l'honneur de la province, elle tient tête à Paris pour l'impression. Chartres, Caen, Dijon, Nogent-le-Rotrou et bien d'autres villes possèdent des imprimeries qu'on cite. La maison Darantiere, à Dijon ; la maison Berger-Levrault, à Nancy ; la maison Mame, à Tours ; la maison Danel, à Lille , sont réputées entre toutes. Il y a vingt-huit ans, on a édité à Grenoble un chef-d'œuvre : *Grenoblo Malheron*. Dessins, gravures, texte et tirage, tout était grenoblois.

Les libraires qui éditent des catalogues mensuels ou annuels s'emparent de ces livres, généralement tirés à petit nombre ; ils les font habiller par de bons relieurs et leur créent, en les raréfiant tout de suite, une majoration de prix. C'est un commerce où le petit amateur est étranglé, car un livre tiré à petit nombre a bien vite l'air d'être épuisé, grâce à cette façon de le mener. Autrefois de très bons livres, fort bien faits, ne s'épuisaient pas, parce que leur prix de vente ne leur permettait pas de faire la publicité nécessaire au placement de quinze cents exemplaires. Aujourd'hui, on vend vingt-cinq ou trente francs un volume de trois cents pages tiré à cinq cents exemplaires. Les souscripteurs en enlèvent deux cents, les libraires prennent le reste et ne les exposent qu'un à un. Je connais un *Sottisier de Voltaire* qui répond à ce signalement et a toujours l'air d'être le dernier exemplaire à vendre chez un libraire que je pourrais nommer. Ce dernier exemplaire est d'ailleurs inépuisable.

Cependant les marchands de livres feront bien de se méfier ; on édite en ce moment trop de livres chers, et il faut qu'ils soient vraiment très beaux pour que le public se les arrache. On commence à n'avoir plus

autant d'enthousiasme qu'il y a sept ou
huit ans, et les rayons de bibliothèque
s'emplissent. Et puis la province et l'étranger envoient à Paris tous leurs vieux livres.
L'an dernier, j'ai vu quatre ou cinq cents
Cazins arriver, en même temps, chez Le-
filleul, un libraire du boulevard Poisson-
nière ; ils étaient en assez bon état et à des
prix fort convenables. L'abondance de la
marchandise avait fait, comme toujours,
baisser sa valeur vénale. M. Corroenne, que
j'ai déjà nommé, en a eu un moment dix-
huit cents de même provenance. Pour les
livres vraiment rares et chers, on en traite
par correspondance et au besoin on fait
photographier leur titre.

C'est, du reste, à Paris qu'on vend le
plus avantageusement les livres quand ils
ne concernent pas l'histoire d'une province. Dans ce dernier cas, ils rencontrent
toujours des amateurs locaux. Sauf quelques rares libraires du centre de la France,
les marchands de livres sont, en province,
assez ignorants. A Paris, au contraire,
certains de nos libraires sont des savants

et je nommerai, en première ligne, M. Claudin, sans crainte d'être démenti. Or, M. Claudin, me dit-on, a débuté sur les quais avec trois ou quatre boites. Aujourd'hui les grands amateurs le consultent, son opinion fait autorité et il rédige des catalogues qui deviennent des livres classiques; comme le sera prochainement celui des *Editions originales d'auteurs français* du xviie et du xviiie siècles, provenant du cabinet de feu M. A. Rochebelière, ancien conservateur de la bibliothèque Sainte-Geneviève, — bibliophile aussi instruit, aussi modeste que patient et honnête.

Il y a déjà longtemps que les libraires parisiens savent leur métier. Ils ont véritablement dépouillé la province. Il n'y a presque plus rien à découvrir, et les heureux mortels qui rencontrent des Elzéviers à grandes marges, chez un chaudronnier de Belleville, n'existent que dans les rêves des bibliophiles naïfs. Aujourd'hui, les bouquinistes eux-mêmes connaissent le prix de leur étalage et, dans le commerce du livre, on est toujours plus tenté de surfaire du double que de se contenter de gagner 10 ou 12 %.

La meilleure manière d'acheter les ouvrages anciens dans les grands prix, c'est encore la vente publique, à la condition de ne pas acheter soi-même, mais de charger de sa commission un libraire et autant que possible le libraire, expert de la vente. Parfois, s'animant au feu des enchères, un amateur s'enlève et pousse un volume désiré bien au-dessus de sa valeur. Mais les libraires, eux, sont comme les loups, ils ne se mangent jamais entre eux.

Enfin, il y a des époques climatériques pour le bon marché. Le tout est d'être assez économe pour garder des munitions dans sa giberne et pouvoir profiter des bonnes occasions.

Le *crach*, comme toutes les crises, comme les lendemains de révolution, a jeté sur le pavé des livres chers et diminué le nombre des amateurs passionnés.

En ce moment, les livres très chers sont relativement à bon marché.

Ce n'est qu'en France que le goût du
beau livre est général et pratiqué dans
toutes les classes de la société. En Prusse,
les gens de la bourgeoisie et même de la
noblesse apprécient peu les beaux livres,
en Angleterre non plus ; les quelques collectionneurs anglais les achètent plutôt par
amour-propre que par passion. Cependant,
chez ces derniers, l'on cite plusieurs collections vraiment riches et précieuses. Enfin
un mouvement populaire en faveur des belles éditions commence à poindre sous la
double influence d'un savant éditeur,
M. Quaritch, et d'un imprimeur très intelligent, M. Wyman.

La Russie, sous ce rapport, tient après
la France, avec quelques petits pays allemands, la tête de la bibliophilie de haute
curiosité — éditions anciennes, manuscrits
inédits — qu'il ne faut pas confondre
avec la bibliomanie. La bibliomanie c'est
la maladie ; la bibliophilie c'est la science.
La première est la parodie de la seconde.

LES QUAIS

J'ai dit que l'on ne trouvait plus rien sur les quais. Cela dépend de ce que l'on y cherche et de la façon dont on y cherche. Comme beaucoup de libraires font ou font faire e quai le matin, on doit penser que ce n'est pas pour rien. Certes, les livres anciens, cotés cher, ne s'y donnent pas rendez-vous ; mais sans être très instruits, les bouquinistes le sont plus qu'autrefois. Toutefois il est telle brochure à dix centimes qui peut valoir dix francs, si un homme intelligent la met à sa place dans une collection spéciale. Un recueil de 70 pièces (de deux à quatre sous) sur « l'application de la peine de mort», s'est vendu, à ma connaissance, 500 francs.

Feu Arnauldet acquit pour *deux mille francs* un recueil de pièces et de livres sur le tabac. Pris séparément, chaque article valait en moyenne 30 centimes ; cette moyenne s'éleva à vingt francs par le fait d'une réunion, œuvre de patience et de flair. Et le flair doit se payer, c'est de toute justice.

On me signale quelqu'un qui n'achète que des *attaques* et des *réponses* : sa collection vaudra son pesant d'or, car ces sortes de productions le plus souvent sont offertes à ses amis par l'intéressé, ce qui fait que celui auquel on a fait cadeau d'une brochure d'attaque n'a jamais la réponse et *vice-versa*.

Si nous passons aux unités, on trouve encore ; pas beaucoup, mais enfin on trouve.

Je puis citer quelques découvertes de M. Lorédan Larchey; elles encourageront les patients, les chercheurs, les *découvreurs* d'Amériques bibliographiques.

En 1869, près du pont des Saints-Pères, pour 0 fr. 75 centimes, il acheta une *Vita Christi* gothique, petit format, imprimée à Pavie, en 1490; un peu plus tard, près de l'hôtel-de-ville — je ne sais à quel prix, mais pas cher — le seul exemplaire connu en France de l'*Icosaméron* de Casanova.

Je sais d'autres achats de ce patient et spirituel bibliographe qui contenteraient des bibliophiles *di primo cartello*. Par exemple un *Voyage au centre de la terre*, qui donne un avant-goût de Darwin et Jules Verne, puis à deux ans de distance, le premier et le second volume — édition de Londres — *Mémoires de la comtesse de La Motte*, l'héroïne de l'affaire du collier.

LES LIVRES LES PLUS GROS, LES PLUS PETITS, LES PLUS CHERS

Dans une de ses charmantes fantaisies littéraires, Monselet raconte qu'à la bibliothèque de la rue Richelieu un lecteur demandait un jour à un conservateur de lui faire donner un gros livre.

LE CONSERVATEUR. — Quel gros livre ?

LE LECTEUR, *d'un ton affairé*. — Le plus gros, s'il vous plaît.

LE CONSERVATEUR, *surpris*. — Mais pourquoi faire ?

LE LECTEUR. — Pour m'asseoir dessus.

Le très intéressant et très utile recueil, l'*Intermédiaire des chercheurs et curieux*,
a posé une question absolument différente.
Il a demandé quel était le livre imprimé
dans le plus petit format ; je ne crois pas
qu'on lui ait encore répondu d'une manière absolument satisfaisante.

Si l'on n'est pas fixé sur les titres des
livres le plus gros et le plus petit, on peut
donner le prix de l'ouvrage qui s'est vendu
le plus cher depuis une dizaine d'années
et probablement depuis que la bibliophilie
fait des folies.

En 1873, à Londres, à la vente du
riche amateur Perkins, une BIBLIA LATINA
à 42 lignes, dite *Bible Mazarine*, 4 volumes
in-folio, sur vélin, imprimée en 1455 par
Guttemberg et Fust, a été adjugée pour
3,400 livres sterlings (85,000 francs) au
célèbre libraire Quaritch.

J'ajouterai, pour les amateurs de raretés,
que le manuscrit qui me paraît avoir atteint le prix le plus élevé est le MISSEL DE
CHARLES VI, in-folio de 364 feuilles, avec
miniatures, bordures, lettres ornées, ais en

bois recouverts de velours vert, dos en maroquin brun, tranche dorée, et coins fermoirs en argent ciselé (ancienne reliure.) Acquis par M. Fontaine, libraire du passage des Panoramas, pour la somme de 76,000 francs en 1879, à la vente Firmin Didot, il fait encore partie de la bibliothèque particulière de la maison Fontaine et en est le plus beau joyau.

Il est certain que le livre et le manuscrit dont je viens de donner les signalements sont irréprochables et d'une conservation parfaite.

C'est la première condition pour qu'un livre atteigne un prix au-dessus de la moyenne et aujourd'hui les vrais amateurs préfèrent souvent des livres légèrement piqués ou tachés à des exemplaires récemment lavés et encollés qui peuvent avoir subi d'habiles réparations. L'amateur naïf ne se doute pas jusqu'où va l'art du réparateur de livres précieux ; on bouche les trous du papier ; on remet des morceaux, on fait même réimprimer des pages entiè-res sur du papier et avec des caractères du temps. Le passé maître en fait de restauration de cette espèce répond au nom polonais de Pilinski ; c'est un grand artiste dans sa partie.

On arrive par ces moyens à un complet relatif qui peut faire illusion aux demi-connaisseurs ; c'est, pour éviter toute erreur et toute tromperie, qu'on en revient peu à peu au livre nature, et, par conséquent, dépourvu de tout maquillage, au livre tel que l'a respecté le temps.

LES LIVRES DÉPAREILLÉS, PERDUS, INTROUVABLES, CARTONNÉS, QUI N'EXISTENT PAS, CONDAMNÉS, ETC.

Je viens de dire qu'il existait à Paris d'habiles artistes qui rendent aux vieux livres une jeunesse nouvelle ; autrefois une industrie, beaucoup plus utile, y avait son représentant attitré ; c'était la *Librairie des Livres dépareillés*. Elle était tenue pas Fétil (René-François) établi, en 1767, rue Mazarine, à l'enseigne : *Au Parnasse italien*. Il eut un continuateur nommé Cordier, lequel vendit son fonds au sieur Lecureux, mort récemment et qui ne paraît pas avoir eu de

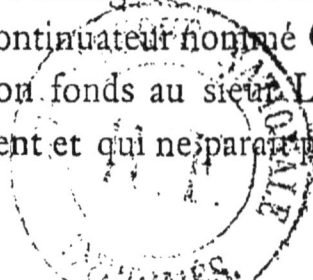

successeur. Depuis qu'elle avait quitté la
rue Mazarine la librairie des livres dépareillés a été installée d'abord rue des Prêtres-
Saint-Germain-l'Auxerrois, puis rue des
Grands-Augustins, n° 20. Il paraît que cette
industrie ne faisait pas vivre son homme
puisque sa spécialité a été complètement
abandonnée ; évidemment elle manque et
c'est fâcheux.

A propos de cette librairie disparue, je
rappellerai, à titre de simple curiosité, quelques livres de bibliophilie qui sont utiles
aux amateurs de curiosités, à la recherche
de l'inconnu.

Les livres perdus ou introuvables, par
Gustave Brunet et les *livres cartonnés,* par
Philomnestre Junior (Ch. Brunet).

On sait qu'un « carton » est un feuillet
qu'on introduit dans un volume à la place
de pages correspondantes. Le « carton » contient des rectifications, suppressions ou ad-
jonctions nécessitées par des arrêts de justice,
des ordres de la censure préventive (dans les
pays où elle existe) ou par des renseigne-

ments , authentiques parvenus à l'auteur après le premier tirage, et aussi par des erreurs typographiques à réparer.

Si ma mémoire ne me trompe pas, on doit avoir écrit un volume sur LES LIVRES QUI N'EXISTENT PAS, ou qui n'ont existé que dans l'imagination d'orateurs peu scrupuleux et d'écrivains menteurs. Que de citations foudroyantes ont été puisées à la source où Molière a pris le fameux « chapitre des chapeaux » d'Aristote ! Il me semble que j'ai tenu ce volume entre mes mains. Et pourquoi sa rédaction n'aurait-elle pas tenté un curieux ? Il y a bien un livre sur les libraires et les imprimeurs imaginaires. Presque tous les livres scatologiques portent, en effet, de fausses indications d'imprimerie et d'origine aussi cocasses que possible.

La *Biblioteca Scatologica*, déjà citée, fournirait un chapitre fort amusant sur ce sujet. Je citerai comme type : *L'Histoire secrète du prince Croqu'Étron et de la princesse Foirette*, par Gringuenaude, chez

Fleurimont Mordant, rue des Gros Visages,
à l'enseigne du Privé Conseil, attenant
l'Hôtellerie de la Fleur.

Notez que plusieurs bibliographes attri-
buent cet ouvrage parfumé à une demoi-
selle noble : Mlle de Lubert, fille d'un président au Parlement de Paris.

La *Correspondance complète de Madame*,
duchesse d'Orléans, est là pour démontrer
qu'au XVIIIe siècle, les Dames — et même
les plus grandes Dames — ne méprisaient
pas la moutarde.

La librairie par trop galante use des
mêmes déguisements.

Un petit volume assez recherché et qui
date de 1762 : la *Bibliothèque des Petits
Maîtres* ou *Mémoires pour servir à l'histoire
du bon ton et de l'extrêmement bonne compagnie*,
porte sur son titre qu'il est en vente : au
*Palais-Royal, chez la petite Lolo, marchande
de galanteries, à la Frivolité.* Justement dans
cet ouvrage, un chapitre entier est consacré
à la description de la « Bibliothèque de l'abbé
de Pouponville, » bibliothèque exclusive-
ment composée de livres imaginaires.

Un bibliophile belge, mystificateur émérite, M. Chalon, de Mons, a publié en 1840, un catalogue in-8°, de 12 pages d'une « très riche mais peu nombreuse collection de livres provenant de la bibliothèque de feu M. le comte T. N. A. de Fortsas, » dont la vente devait se faire à Binche, le 10 août 1840, à onze heures du matin, en l'étude et par le ministère de Mᵉ Mourlon, notaire, rue de l'Eglise, n° 9.

Tous les ouvrages que décrit ce catalogue sont absolument imaginaires. Toutefois au moment où il fut publié, sa perfection et la précision des indications qu'il contenait le firent prendre au sérieux par quelques amateurs en Belgique et même en France.

Cette pièce curieuse a été réimprimée plusieurs fois, notamment dans l'*Essai sur les bibliothèques imaginaires* par G. Brunet.

Au xviiiᵉ siècle, les pamphlets politiques, qu'ils fussent imprimés en France ou ailleurs, indiquaient toujours faussement leur provenance. C'est ainsi que le *Gazetier Cuirassé*

7

ou *Anecdotes scandaleuses* de la cour de France, est annoncé comme ayant été imprimé *à cent lieues de la Bastille, à l'enseigne de la Liberté.*

Les fausses indications burlesques sont encore à la mode aujourd'hui. Sur le titre d'un livre récemment édité et qui ne doit figurer dans aucune collection, j'ai lu : *à Londres, chez le concierge du Pig's-Club.* — Ne me demandez pas la traduction. — Généralement ces indications tendent à dissimuler la personnalité d'imprimeurs et d'éditeurs, peu soucieux qu'on sache qu'ils donnent leur concours à des publications dangereuses ou honteuses.

Pour compléter autant que possible la Bibliographie de la bibliophilie excentrique et dans le but de contenter les amateurs qui aiment les objets difficiles à se procurer, je leur recommanderai également la lecture du *Catalogue des ouvrages écrits, et dessins de toute nature poursuivis, supprimés ou condamnés* depuis le 21 octobre 1814 jusqu'au

31 juillet 1877, de Ferdinand Drujon, édité par Ed. Rouveyre et G. Blond.

Autrefois — nous le savons par deux vers de l'*Art poétique* — lorsqu'un livre ne trouvait pas d'acheteurs il était vendu au poids du papier chez les fournisseurs et servait à faire des sacs ou des cornets. Combien de volumes disparus — certaine-ment ils feraient la joie des bibliophiles — ont droit à cette épitaphe :

> Le reste aussi peu lu que ceux de Pelletier,
> N'a fait de chez Sercy qu'un saut chez l'épicier.

Aujourd'hui rien ne se perd et lorsqu'un livre invendu encombre les magasins de son éditeur, celui-ci le « solde, » c'est-à-dire le vend à vil prix à un libraire qui se charge d'écouler comme il peut l'édition.

Le principal libraire soldeur de Paris a été M. Adolphe Delahays. Les plus grands auteurs et de très beaux livres ont passé par sa boutique. J'ai vu en nombre chez lui affichés à six, quatre ou deux francs, des ouvrages qui coûtent aujourd'hui trente et quarante francs.

Le *Cousin de Mahomet* vendu par lui en nombre, il y a vingt-cinq ans, à dix centimes, est côté aujourd'hui à cinq francs au plus· bas.

Le *Gil Blas* de Jean Gigoux, vendu à 7 fr. 50 c., cartonné en 1850, vaut aujourd'hui 70 fr. quand on est assez heureux pour le trouver.

C'est aussi lui qui a eu le solde de la première édition des *Contes Drôlatiques*, illustrés par Gustave Doré, livre qui a repris, puis dépassé du double sa valeur première.

Enfin, il y a deux ou trois ans, il a encore soldé les *Costumes anciens et modernes* de Cesare Vecellio, précédé d'un *Essai sur la gravure sur bois*, par M. Ambroise Firmin-Didot, qui se vendent aujourd'hui quatre fois le prix auquel il les offrait.

D'après cet aperçu rapide et ce que j'ai dit plus haut des outils du Bibliophile, le néophyte peut entrevoir la largeur et la profondeur du champ qu'il doit labourer pour devenir une demi-autorité en matière de Livres.

Cependant quel que soit son savoir, il ne saura jamais tout ; il lui restera toujours quelque chose à apprendre ; il doit s'attendre à rencontrer dans la vie et à tout instant un livre qu'il ne connaît pas, qu'il n'a jamais vu, dont il ignore l'existence. Il ne l'a trouvé catalogué nulle part. Brunet n'en parle pas ! Quel plaisir ! quelle gloire, quel honneur d'attacher son nom à une pareille découverte ! Il fera là-dessus un mémoire qu'il enverra à l'académie... de son déparment. Tout de suite, il en écrit à l'aimable directeur du journal l'*Intermédiaire*. Au bout de trois mois, aucun *intermédiariste* ou *intermediariste* — on n'est pas encore fixé là-dessus — n'a répondu à son appel. Décidément il est certain qu'il a élargi de l'épaisseur d'un in-8° le domaine de la science. Lorsque crac : il apprend qu'il existe plusieurs exemplaires de son trésor ; on en connaît un à l'*Arsenal*, un autre a été vendu vingt-sept francs à la vente de feu le baron Pichon.

C'est égal, il n'a pas perdu son temps.

Si vous saviez ce qu'il a remué de maté-
riaux, ce qu'il a appris de choses diverses
pour conquérir la certitude que sa trou-
vaille est médiocre, vous demeureriez convaincu que ce sont les fausses pistes qui
font les grands savants. C'est rarement —
dans la biographie comme dans les autres
sciences — en cherchant une chose qu'on
la trouve ; c'est presque toujours en en
cherchant une autre. N'appelez pas cela
hasard. Il n'y a pas de hasard en bibliographie. On trouve parce que l'on cherche
et quand on cherche avec flair, instinct et
intelligence, on prend des notes.

Ces notes précieuses se rapprochent à
un certain jour d'autres notes et forment un
tout lumineux.

Je plaisantais tout à l'heure le Christo-
phe Colomb, amateur qui rêve d'écrire un
mémoire pour la Société savante dont il
fait partie. J'avais tort, je le confesse, car
les meilleurs livres de bibliographie sont
écrits par des gens qui auraient pu gagner
cent mille francs de rentes en se faisant

épiciers et qui ont préféré gagner deux à trois mille francs par an comme bibliothé-caires, afin de vivre au milieu des livres qu'ils aiment.

Tout amateur est en germe un écrivain bibliographe.

Un des hommes les plus ennuyeux du xviii⁰ siècle, Bollioud-Mermet, secrétaire perpétuel de l'Académie de Lyon, dans un opuscule intitulé : *De la Bibliomanie*, a flétri les beaux livres.

A propos des *Fables choisies* de La Fon-taine, éditées par Saillant en 1755, avec des figures gravées par Cochin sur les des-sins d'Oudri, il s'écrie : « Le recueil des
« fables de La Fontaine, destiné à être mis
« entre les mains de la jeunesse, n'avait
« d'abord paru qu'en un volume de petit
« format ; mais l'amour de la singularité et
« de la magnificence en a fait exécuter
« une nouvelle édition de l'étendue de
« quatre grands volumes in-folio, où l'art a
« si curieusement travaillé que l'acquisition
« en est interdite à beaucoup de gens. »

Et guindé sur son dada, il jette la pierre aux Bibliophiles amoureux de beaux papiers, de belles gravures et de belles reliures.

Il faut, n'en déplaise à l'ombre de Bollioud-Mermet, de beaux livres magnifiquement ornés ; c'est une vanité louable, celle que l'on place dans sa bibliothèque et j'ai toujours remarqué chez les hommes qui aiment les livres de grandes qualités de cœur, une exquise politesse et des instincts généreux de sociabilité. D'ordinaire ils sont à la fois et bonnes fourchettes et beaux gobelets ; en outre ils sont galants avec les femmes. L'amour du livre est le commencement de la perfection.

Bollioud-Mermet devait être petit mangeur et amoureux transi.

PUBLICATIONS INTERROMPUES

Si grande que soit la bonté d'un amateur de livres, il doit cependant être méfiant.

Je conseillerai donc au néophyte de se méfier des ouvrages publiés par volume formant livraison et de ne les acheter que lorsqu'ils sont complets. S'il ne suit pas mon conseil, il devra s'armer de patience ou de résignation, car la publication de ces ouvrages est parfois suspendue ou abandonnée par leur éditeur.

Je pourrais citer mille cas où le biblio-

phile a été laissé en plan de cette façon
incivile. Tout récemment (1873) l'éditeur
Léon Willem avait commencé une *collection
de Documents rares inédits relatifs à l'histoire de Paris ;* les volumes tirés à 350
exemplaires devaient atteindre le nombre de
vingt. Il n'en a paru que douze ! ! !

Plus grave ! La *Muze historique* de J. Loret
rééditée par P. Jannet (1er volume) puis
continuée par P. Daffis (2e, 3e et moitié
du 4e volume) demeure abandonnée depuis
la mort de son second éditeur, sans que
rien vienne indiquer quand paraîtra la hui-
tième livraison qui doit contenir une
biographie et des tables. Ajoutez à cela
qu'il a déjà fallu aux souscripteurs dépenser
une certaine dose de philosophie, puisque
le premier volume porte le millésime de 1857
et le second celui de 1877. Vingt ans après
comme dans les romans !

Heureusement que l'érudit Charles Livet
chargé de la publication, se trouve encore
à Vichy où la surveillance de l'établissement thermal, confié à sa vigilance, trompe

— pour lui, mais pour lui seul — les ennuis de l'attente.

Tous les amateurs connaissent la jolie
Collection des romans grecs — in-12 avec
gravures — commencée par l'éditeur
Merlin en 1822 et menée par lui au 12ᵉ
volume (1828). Il la reprit en 1841, par la
mise en vente du 15ᵉ volume. Et depuis
on attend les 13ᵉ et 14ᵉ volumes ! !

Cela n'empêchera pas les trois ouvrages
que je viens d'énumérer de représenter
une valeur bibliophilique réelle ; mais ils
en auraient une bien supérieure s'ils étaient
complets.

LES COLLECTIONS FACTICES

Il n'est pas rare de rencontrer sur un catalogue un article avec la mention suivante : *auquel on a ajouté...*

Je l'ai trouvée appliquée plusieurs fois à la première édition des *Mémoires relatifs à la Révolution française* mise en vente chez les libraires Baudouin frères, 56 volumes in-8°. On y ajoute volontiers, en effet, sous la même reliure des mémoires relatifs à la même époque et du même format, édités par Ladvocat ou Bossange ; ce qui peut troubler certains amateurs qui la voient annoncer tantôt avec 56 volumes, tantôt avec plus.

Je sais un amateur qui, par ce procédé, l'a *ultra complétée* à 247 volumes, en y introduisant une foule de mémoires sur l'Empire. Je ne blâme pas du tout ce système et je vais indiquer le modèle d'une autre espèce de collection factice. Je l'ai vue chez le libraire Delahays, déjà cité, qui l'avait réunie pour son usage personnel.

C'est la collection de tout ce qui a paru — livres, plaquettes, journaux, placards, dessins et caricatures — sur la guerre de 1870-1871 et la Commune. C'est un fonds qui aura peut-être un jour la réputation de la collection La Bédoyère sur la première Révolution.

Une collection des mêmes livres et pièces mais beaucoup moins complète que celle de M. Delahays, avait été rassemblée tout de suite après la guerre par M. Eugène Vachette (en littérature Chavette). Le hasard des ventes l'a conduite dans la bibliothèque du grand état-major allemand.

Des bibliophiles amateurs se sont posé des problèmes beaucoup plus faciles à résoudre. Lorsque M. Renan fit paraître sa *Vie de Jésus,* un déluge de réponses irritées inonda le monde dévôt et fut l'objet de nombreuses collections. La *Petite Revue* de Lorédan Larchey a donné la liste de ces brochures qui dépasse, je crois, trois cents numéros.

J'ai déjà signalé les brochures sur Libri. Il y a encore un joli ragoût de bibliophilie dans la réunion de sept volumes sur le cas de Mmes Sand, Colet et d'Alfred de Musset. *Lui et elle. Elle et lui, Lui, Eux et Elles,* etc. Parmi les sept volumes, qui la composent, trois sont tellement difficiles à trouver qu'une collection complète était affichée cent francs, en 1876, chez le libraire Pincebourde de la rue Richelieu.

En ce moment, en collectionne les Delvau — j'ignore pourquoi ? — et les premières éditions de Monselet — ça je le sais.

— Certains livres de Monselet, qui n'ont pas été réédités, sont des petites merveilles de style et de sens critique : telle est la *Lorgnette littéraire*, qui se paie 20 fr. en brochure.

Les deux petites collections que je viens d'indiquer ne sont que des jeux amusants.

Celles que j'ai rappelées, en parlant des quais, ont déjà plus de valeur. Mais certains Bibliophiles élèvent beaucoup plus haut le goût de la collection factice.

En 1857, le curé de Clichy-la-Garenne réunissait toutes les éditions de l'*Imitation de Jésus-Christ*. Il en possédait plus de douze cent cinquante et en trouvait toutes les semaines de nouvelles.

M. Vigeant, l'aimable maître d'armes du *Figaro*, doublé d'un érudit collectionneur, a réuni environ 200 ouvrages sur l'escrime, le plus grand nombre à gravures. Cette collection, qui vaut trente ou trente-cinq mille francs, renferme des traités écrits en allemand et en anglais. Son bijou est un petit in-4°, avec gravures sur bois très curieuses, écrit par Henri de Saint-Didier, et imprimé en 1503, chez Métayer, à Paris ; il est estimé 1,500 francs.

J'espère que M. Vigeant publiera le catalogue de sa bibliothèque. Ce faisant, il contentera à la fois les amateurs d'escrime et les amateurs de livres.

LES LIVRES A BON MARCHÉ

Que diable, dira-t-on, vient faire la question sociale après la description d'un livre sur l'escrime du prix de 1,500 fr. ? Mon Dieu ! dans les bibliothèques, tous les amateurs, tous les livres et toutes les idées se côtoient. J'ai souvent vu les œuvres de Proudhon serrant celles de M. Veuillot et un livre condamné par le Saint-Office à côté des Evangiles. Dans un petit traité sur l'*Art de former une Bibliothèque*, les livres à bon marché, les livres des petites bourses doivent avoir une place aussi large que les livres chers.

J'ai toujours déploré le sans-gêne avec lequel on fabrique les livres pour le peuple. Généralement c'est honteux ! Dans ce temps de doctrines humanitaires où l'on parle tant d'instruction gratuite et obligatoire, je ne conçois pas qu'une *Société des bons livres*, ayant pour but de fournir à bon marché au peuple une édition convenable des classiques français et étrangers, ne se soit pas formée sous la protection ou en dehors du Gouvernement. Le goût du livre est enfanté par le goût de la lecture et il ne faut pas que le goût de la lecture soit entravé par les apparences repoussantes du livre.

Je laisse de côté les bibliothèques populaires de propagande. — Quel que soit le parti pour lequel elles travaillent, ces bibliothèques sont conçues de façon à laisser, outre les avantages politiques, beaucoup trop de bénéfices à ceux qui les administrent sans risques ni périls commerciaux. Mais

j'affirme qu'on pourrait concourir au per-
fectionnement de l'enseignement primaire,
en mettant à la portée des petites bourses
des éditions portatives, bien faites et
agréables à l'œil.

Vers 1832, le libraire Lecointe avait
entrepris, sous le titre de *Nouvelle Bibliothèque des classiques français,* une collection
de petits in-12 imprimés, chez Firmin
Didot, s'il vous plaît, qu'il vendait dix sous.
J'ai un Dancourt, *Œuvres choisies,* qui appar-
tient à cette collection et qui dans une
demi-reliure très simple n'a pas mauvaise
figure. Je ne crois pas que le libraire
Lecointe ait reçu du gouvernement de Juillet
un encouragement quelconque. Sous l'Empire, sans plus d'encouragement, la maison
Lahure fit une entreprise de même nature,
mais à un franc ; on avait un Voltaire bien
complet pour 35 francs et les *Mémoires de
Saint-Simon* pour treize francs. Tout récemment un très intelligent libraire-éditeur,
M. Delarue, a élargi les plans de Lecointe
et de Lahure ; il a annoncé les *Chefs-d'œuvre de la Littérature française et étrangère,*

en cent volumes petit in-12 elzéviriens.

Ses petits in-12 sont vraiment fort gentils, bien imprimés sur papier convenable, et de nature à rendre la lecture attrayante ; le choix des auteurs est excellent, beaucoup plus varié et plus osé que dans la collection Lahure. Eh bien, on me dit qu'arrivé à son cinquante-deuxième volume, M. Delarue se dégoûte, se décourage et n'a plus le feu sacré. Est-ce qu'aujourd'hui une collection comme la sienne devrait donner un seul instant d'inquiétude à son éditeur ? Avec un cartonnage solide et bon marché, les in-12 de M. Delarue devraient être sur les rayons de toutes les bibliothèques communales et offerts soit par le Gouvernement, soit par le Département, soit par les sénateurs et députés, soit enfin par des Amis des bonnes lettres. C'est là une affaire presque nationale par un temps où l'instruction fait rage.

LES LIVRES ILLUSTRÉS

Une mine inépuisable pour les collectionneurs et dans laquelle ils trouveront des plaisirs toujours nouveaux, ce sont les livres à figures et les livres illustrés.

N'importe à quelle époque ils appartiennent, ils sont très recherchés.

Dans son excellent et savant ouvrage que j'ai classé parmi les plus utiles outils du bibliophile, M. Henri Cohen a décrit avec le plus grand soin tous les livres à vignettes édités de 1730 à 1820, tant en France qu'à l'étranger.

M. Henri Cohen proscrivait avec une sainte horreur — c'est son expression — tout mélange de gravures appartenant à des éditions différentes et n'admettait que des exemplaires absolument purs. Cette opinion fait de son *Guide* une sorte de cours bibliographique d'une exactitude complète.

Bien que je ne partage pas tout à fait ce rigorisme pour les livres modernes, je concède qu'il faut s'y soumettre pour les livres anciens. Je recommande donc aux amateurs de se conformer, pour les éditions du XVIIIᵉ siècle, aux préceptes de M. Cohen. Et c'est dans son ouvrage qu'ils apprendront le mieux à reconnaître la valeur de ces admirables spécimens d'une librairie qu'on cherche aujourd'hui à imiter, mais dont on ne parvient pas toujours à atteindre la rare perfection.

Ce sont les œuvres galantes qui sont d'ailleurs toujours les mieux illustrées,

Aussi, dans les ventes, elles atteignent des prix très élevés.

Les petits conteurs (4 volumes de l'édition Cazin) se vendent couramment cinq cents francs.

Quelques éditions des contes de La Fontaine coûtent encore plus cher. Celle, dite des Fermiers généraux, est si recherchée qu'on n'en méprise même pas tout à fait les contrefaçons.

M. Cohen cite un exemplaire « qui avait appartenu primitivement au duc de La Vallière, puis à Naigeon, à Firmin Didot, à La Bédoyère. Il a été acheté à la vente du savant bibliographe Brunet (1868) 7,000 fr., puis coté à 10,000 fr. dans le catalogue Fontaine de 1872 et enfin adjugé à 13,000 fr. à la vente de Benzon.»

D'après un prospectus de librairie qui, heureusement conservé, a été reproduit par Cohen, ce splendide ouvrage se vendait à l'origine soixante livres en feuilles. La reliure, que les libraires d'alors faisaient établir pour leurs clients, coûtait les frais, plus une petite augmentation.

Un autre livre, magnifique par ses dessins, possède une histoire très intéressante pour les collectionneurs, car cette histoire leur apprend combien il faut prendre de précautions pour ne pas être trompé sur la valeur réelle d'un exemplaire. J'emprunte au *Guide du Libraire-Antiquaire et du Bibliophile* de J. de Beauchamps et Ed. Rouveyre, que j'ai déjà cité, la monographie des *Métamorphoses d'Ovide*, en latin et en français, traduction de M. l'abbé Banier, avec des explications historiques. *A Paris, de l'impr. de Prault*, 1767-1771 ; 4 vol., in-4°.

Cette monographie a pour un bibliophile tout l'attrait d'un roman et démontre que la vie d'un livre est aussi accidentée que celle d'une jolie femme.

« Admirable édition, disent MM. Beauchamps et Rouveyre, illustrée de 140 figures, plus un frontispice, 3 pages gravées

de dédicace, 4 fleurons pour les titres,
30 vignettes et un cul-de-lampe.

« Les grandes figures sont dessinées par
Eisen, Moreau, Boucher, Monnet, Maril-
ler, Le Prince, Gravelot, Parisot de Saint-
Gois, et gravées par différents artistes ; les
autres planches (fleurons et vignettes) sont
de Choffard et de Monnel.

« Les figures 19, 21, 27, 41, 43, 52,
56, 80, 116 et 134 existent découvertes.

« Un exemplaire en papier fort de Hollande, contenant des épreuves superbes
et orné d'une excellente reliure très fraî-
che, signée de Derôme, a été acquis pour
8,400 francs à la vente du comte d'Es...
(février 1881). Il n'existe que 12 exemplaires sur ce papier. Les beaux exemplaires
ordinaires, reliés en veau, valent de 800 à
1,200 francs, et, reliés en maroquin ancien,
jusqu'à 3,000 ou 4,000 francs. Catal. Fontaine, ex. relié en veau ancien, 1,000 francs,
et ex. rel. en mar. anc., 3,000 francs.

« Un second tirage a été fait avec les
mêmes dates, sauf pour le 4ᵉ volume, dont

le titre porte 1770 dans la seconde édition,
au lieu de 1771. Les exemplaires de ce tirage
valent à peine la moitié du prix des premiers.

« Une particularité fort intéressante,
c'est qu'il existe des exemplaires en papier
ordinaire qui ont les figures avant la lettre, tandis qu'il n'en a pas été joint aux 12
exemplaires en papier fort de Hollande.
Ces 12 exemplaires ont une histoire qu'il
est intéressant de connaître. Voici à ce
sujet l'opinion de Renouard, qui, jusqu'à
présent, n'a pas été contredite : « De cette
édition, faite par plusieurs libraires associés, on crut convenable de tirer 12
exemplaires sur papier de Hollande ; mais
il a fallu le faire à l'insu de Le Clerc, libraire, l'un des entrepreneurs, parce que
certainement il s'y serait opposé. Le texte
imprimé, on ne put éviter de lui en faire
la confession pour avoir l'usage des vignettes et fleurons exécutés pour ce livre, et
desquels il était dépositaire. Ces douze
exemplaires n'étaient pas une fraude, un
tort à lui fait, puisqu'on les avait imprimés

pour le profit de tous les associés ; mais M. Le Clerc avait en haine tout ce qui, dans les livres, sortait du cours ordinaire d'une bonne fabrication ; toute recherche en ce genre lui semblait une sottise. Il dit à ses associés : « Vous avez, Messieurs, « jugé convenable de tirer 12 exemplaires « sur un papier que vous prétendez supé- « rieur, eh bien ! gardez-les ces 12 exem- « plaires, je n'y veux aucune part ; mais « les fleurons en vignettes n'y seront im- « primés qu'après le tirage des 1,500 de « toute l'édition ; » et il tint parole.

« Les associés de Le Clerc et de Prault pour cette publication étaient les libraires Hochereau, Pissot, Bailly, Delalain et De- lormel.

« On trouve des exemplaires avec ces différents noms au bas de chaque titre.

« Renouard a possédé presque tous les dessins originaux (cent trente-six pièces), auxquels il avait ajouté toutes les gravures en premières épreuves. Ces dessins furent vendus 1730 francs en 1854. Ils figurèrent ensuite à la vente Thibaudeau, où 127 de

ces dessins atteignirent le prix de 810 francs ;
ils passèrent dans la bibliothèque de M. le
baron J. P***, qui les a ornés d'une reliure en
maroquin rouge, de l'époque de la publication, 140 francs. Il a été fait depuis plusieurs tirages inférieurs, qui ne se vendent
pas cher : 15 à 25 francs. Le coloris de
ces derniers est très médiocre. »

Lorsque nous aurons la description et
l'histoire de tous les livres faite avec autant
de soins et d'originalité, quels sujets iné-
puisables de conversations ! Quelles sources
de jouissances pour les bibliophiles !

J'avoue cependant que le goût des estampes dans les livres a parfois été poussé
trop loin. Le livre ne doit pas être un pré-
texte à gravures ; l'art du dessin au contraire
doit simplement compléter la pensée de
l'auteur. L'illustrateur, l'artiste doit y mettre une certaine discrétion ; cette dernière
qualité a fait la gloire de Moreau. Elle a
complètement manqué dans ces derniers
temps à deux artistes de beaucoup de
talent, à Granville et à Gustave Doré

qui ont essayé de substituer leur personnalité à celle de l'auteur qu'ils illustraient et qui y ont même réussi.

La gravure hors texte a été presque abandonnée par les éditeurs du second tiers du XIXᵉ siècle. Etait-ce la faute des artistes ou bien espérait-on un moment trouver dans la lithographie un auxiliaire suffisant pour le livre ? Le romantisme s'en accommoda et je sais certaines lithographies de Deveria qui doublent le prix des premières éditions des romantiques grands et petits. Puis vinrent les eaux fortes et enfin la gravure sur bois qui très heureusement employée permit de faire ces beaux livres, dits *livres illustrés*, qui seront une des gloires de la librairie de ce siècle.

Les plus curieux livres illustrés du XIXᵉ siècle appartiennent évidemment à la période de 1838 à 1844, alors que les éditeurs Bourdin, Dubochet, Curmer mettaient tous leurs efforts à produire des livres comme le *Molière* des Johannot, le *Gil Blas* de Jean Gigoux, les *Evangiles* et trente ou quarante autres volumes in-quarto. Les superbes éditions illustrées vingt ans après par Gustave Doré sont, malgré leurs immenses mérites, beaucoup moins en vogue parmi les amateurs que les illustrés plus modestes qui les ont précédés. Dans une vente toute récente, celle de la bibliothèque de Mme Blanc — bibliothèque plus nombreuse que bien choisie, — un *Gil Blas* de Jean Gigoux, sur chine, non rogné, a atteint le prix de 290 fr.

Les papiers ordinaires non rognés du premier tirage avec couverture, à l'état de neuf, des illustrés de la première période valent couramment de 40 à 50 fr. On n'a pas encore trop de peine à s'en procurer ; mais lorsqu'ils deviendront rares, ils monteront vite à 100 francs.

Aujourd'hui, on publie encore des livres illustrés ou plutôt des livres à gravures, mais on ne les fait généralement plus comme l'entendaient Bourdin et Dubochet ; c'est-à-dire accessibles avant tout aux amateurs peu fortunés. On les tire à très peu d'exemplaires sur papier de Hollande ou sur vélin et on les vend très cher.

M. Jouaust a imprimé et édité ainsi beaucoup de beaux livres, entr'autres les *Colloques d'Erasme* avec des gravures en taille douce à mi-page, qui rappellent l'un des procédés exquis de la librairie du xviiie siècle. C'est un spécimen parfait de la belle typographie contemporaine.

M. Conquet, plus nouveau dans la carrière, a fait imprimer par Motteroz, *Mon oncle Benjamin*, roman très original et très charmant, de Jacques Tellier, avec des illustrations de Sahib. Ce livre, avec plus de richesse, se rapproche des illustrés genre Dubochet. Il a une couverture à personnages, imprimée en couleurs, qui fait rêver les amateurs de belle typographie ; à elle seule, elle constituerait une curiosité, si le livre n'était lui-même un bijou et par son texte et par son exécution.

Aujourd'hui avec ces sortes de livres, on

peut se constituer des collections fort agréables, mais il ne faut pas non plus dans ce coin-là croire aux bonnes occasions. Les beaux livres n'ont jamais été mis en vente plus cher. Si l'un de nos éditeurs de hautes curiosités voulait entreprendre en ce moment quelque chose comme l'édition des *Contes de La Fontaine*, dite des Fermiers généraux, il ne la vendrait pas trois louis, il ne la tirerait pas à 2,000 exemplaires. — Il ferait payer cinq cents francs à cinq cents souscripteurs — et s'il n'en trouvait tout d'abord que trois cents, il garderait et vendrait plus tard 750 francs les exemplaires non placés, en disant toujours qu'il n'en a plus que dix.

C'est toujours la plaisanterie du dernier exemplaire inépuisable.

LES ÉDITEURS CONTEMPORAINS

Il s'est opéré depuis une vingtaine d'années une évolution complète dans le monde des éditeurs. Ceux qui sont le plus estimés des amateurs ne sont pas ceux que le gros public connaît. Les noms de MM. Didot, Hachette, Dentu, Calmann Lévy, Charpentier et autres, qui couvrent littéralement l'univers des livres qu'ils éditent, ne causent aucune émotion au cœur des bibliophiles, tandis que les noms de Lemerre, Quentin, Jouaust, Rouveyre et Blond, Rouquette, les mettent tout de suite en éveil. C'est que les premiers éditent des *œuvres* tandis que les seconds font de jolis livres; or, l'amateur de livres sait très bien que tous les bons ouvrages sont généralement — et à de très rares exceptions près — imprimés d'une façon courante et n'enfantent que plus tard de jolis ou de beaux livres ; et il attend patiemment ces derniers.

En outre les éditeurs curieux, jeunes, audacieux, chercheurs ont une spécialité ; ils publient volontiers le premier volume du poète qui sera célèbre demain, la première nouvelle du romancier de l'avenir et le premier opuscule social du grand réformateur inconnu ; et le bibliophile sait également que cette première émanation du génie non révélé à la foule, deviendra certainement avant dix ans la pièce introuvable. Un collectionneur qui depuis quinze ans aurait acheté tous les premiers volumes de vers publiés chez Alphonse Lemerre posséderait une collection probablement unique, car le célèbre éditeur lui-même ne l'a peut-être pas complète.

Voilà encore un filon à exploiter pour les amateurs de bonne volonté.

Monselet, qui restera le véritable chroniqueur de la vie littéraire actuelle, a raconté plaisamment l'histoire du premier éditeur de MM. Théodore de Banville et Philoxène Boyer. Il se nommait Edmond Albert ; faisait très bien les choses, payait convenablement les deux poètes et imprimait leurs vers sur de magnifique papier. Mais comme il n'avait pas de relations avec les libraires, il enfermait l'édition entière dans une grande armoire, puis l'oubliait. Un jour, un plaisant fit insérer l'annonce suivante dans les faits divers du journal *le Pouvoir* :

« La belle scène dramatique de M. Phi-
« loxène Boyer, l'*Engagement*, si bien inter-
« prétée par Mlle Judith, paraîtra prochai-
« nement dans l'*armoire* de M. Edmond
« Albert, éditeur. »

Si M. Edmond Albert vit encore, je le prie de m'envoyer un exemplaire de l'*En-*

gagement, car d'après sa méthode de lancer les livres, ce doit être un sport des plus difficiles que la chasse de ses éditions. Après cela, Monselet a tant d'imagination qu'il a peut-être confondu volontairement l'armoire de M. Edmond Albert, avec une petite boutique de libraire de la rue de Seine, que j'entrevois vaguement dans mes souvenirs de jeunesse.

Mais, me dira-t-on, tous les conseils que vous venez de donner semblent exclure de la bibliothèque de vos rêves, tout livre qui n'est pas imprimé avec goût, sur beau papier, orné de jolies gravures et relié élégamment.

Je ne le nie point.

Une bibliothèque particulière, la bibliothèque d'un amateur, d'un lettré, d'un bibliophile, d'un bibliolâtre, si vous voulez, ne doit contenir que des livres curieux à un titre quelconque.

Le vieux Royer-Collard répondait à Alfred de Vigny venant solliciter sa voix pour l'Académie et lui demandant s'il avait lu ses œuvres :

« A mon âge, Monsieur, on ne lit plus, on relit. »

Je parodierai son mot en disant : un bibliophile ne conserve pas les livres qu'on lit une fois mais seulement ceux qu'on *relit* avec plaisir et que, par conséquent, on *relie*... plus ou moins richement.

Aujourd'hui toute une série d'éditeurs, d'imprimeurs, de dessinateurs, de graveurs travaillent pour satisfaire les bibliophiles et uniquement pour eux. C'est sous l'impulsion de ce goût élevé, délicat que se sont réveillés les instincts littéraires de la bourgeoisie. Je ne sais ce que cela produira dans l'avenir, mais évidemment nous nous préparons à une renaissance. J'en prendrai même pour pronostic certain les maladies et les monstruosités résultant du naturalisme outré et de la pornographie mercantile. Les lendemains de pareilles épidémies sont des jours d'éclat et de lumière. On peut être sûr que le public ne manquera pas au chef-d'œuvre lorsque le chef-d'œuvre se présentera.

D'ailleurs, les éditeurs feront tout pour qu'il se présente. Généralement instruits, souvent doués d'un tact précieux, ils ont également droit à une part dans notre reconnaissance. Tandis que la plupart des Directeurs de théâtres, marchands ignorants ou bêtes, tuaient notre littérature théâtrale en exploitant des étoiles de café-concert, en jouant des pièces où tout l'esprit consiste à montrer les jambes de Mlle X. et le dos de Mme Z. — si bien qu'on ne trouverait peut-être plus une troupe pour jouer le drame d'Alexandre Dumas père et les vaudevilles amusants de l'ancien répertoire des Variétés —les éditeurs initiaient la foule *aux chefs-d'œuvre du XVIe et du XVIIIe siècle.*

Il y a cent ans, toute notre littérature rétrospective courante était contenue dans le XVIIe siècle, — le grand siècle — Louis XIV ! — on ne sortait pas de là.

Aujourd'hui, grâce à la bibliophilie, grâce aux éditeurs bibliophiles, la littérature française est connue depuis ses premiers âges.

La manie, la monomanie du bouquin a engendré une belle et grande science : la science de la littérature.

Je veux aussi aller au devant d'une autre objection.

J'ai sans cesse, en parlant des livres rares, précieux, désirables, laissé entrevoir qu'un peu de spéculation se mêlait toujours à la tenacité de certains amateurs pour se les procurer.

Et pourquoi pas?

Est-ce que, par hasard, les gens qui spéculent, sans scrupules, sur les céréales, sur les fonds publics ou tout simplement sur l'imbécillité du gogo, trouveraient mauvais qu'un homme intelligent, instruit, fît fortune en revendant très cher une collection réunie et acquise au prix de mille soins divers? Ce serait le monde renversé.

Le livre a une valeur triple.

Il a la valeur d'un outil pour l'étudiant, pour le travailleur et même pour le simple lecteur auquel il procure une distraction.

Il a en plus une valeur mobilière comme ornement de nos appartements; et les compagnies d'assurances l'admettent, puisqu'elles assurent à part les bibliothèques et relatent sur leurs polices les ouvrages les plus précieux qui les forment. Je saisis même cette occasion pour recommander aux propriétaires de belles collections de ne pas négliger cette utile formalité.

Enfin le livre a une valeur indéterminée qui tient de l'essence même de la spéculation. Dans la supputation de cette valeur entrent le mérite de l'ouvrage, le nom de son auteur, de son éditeur, de son imprimeur; le luxe qu'on a déployé pour le confectionner, l'habiller, son ancienneté, sa rareté.

En 1848, j'ai vu vendre cent francs chez un marchand de couleurs du boulevard Montmartre, un Diaz fort réussi. L'éternelle nymphe du peintre, fuyant dans un bois sous un rayon de soleil, avait dans ce tableautin, plus d'éclat, plus de fraîcheur, plus

d'entrain, plus de vie que dans vingt autres toiles de ce maître. En 1856, il se re-
vendait 3,000 fr. de la main à la main;
en 1861, il atteignait 17 mille francs à
l'hôtel des commissaires priseurs. On trouve
cela tout naturel. Pourquoi donc un livre
qui valait 60 francs en 1780, n'en vaudrait-
il pas 6,000 cent ans après? Et pourquoi
l'homme qui a deviné qu'une édition mon-
terait en prix, serait-il coupable lorsqu'il
revend cent francs ce qu'il a acheté dix!
Il n'est pas plus libraire que l'amateur de
tableaux n'est marchand, cela est sûr. Il
est amateur. Mais qui dit amateur, dit spéculateur; car après le plaisir d'avoir acheté
à bon compte, il n'y en a pas de plus
grand que de revendre avec bénéfice.

Et puis, faut-il le dire, c'est l'espérance
de la spéculation heureuse qui sert de re-
morqueur au goût éclairé du bibliophile.
Si les éditeurs ne comptaient que sur les
gens qui achètent pour conserver, il leur
serait impossible de nous livrer ces beaux
livres qui font notre joie.

Donc, si j'ai surexcité parfois les appétits mercantiles, c'est avec une intention bien arrêtée et dans le but déterminé de multiplier le nombre des acheteurs de beaux livres. Plus ils en achèteront, plus on en éditera.

J'ajouterai, en outre, que j'aimerais mieux placer mes économies en bons Jouausts, en excellents Quentins, en délicieux Rouveyres et Blonds, en charmants Lemerres, que de les mettre dans la *Société des Floueurs réunis*, avec succursale à Bruxelles.

Dixi.

LE CATALOGUE

Exegit monumentum... Mon bibliophile amateur a commencé sa
collection ; il range ses trésors
avec amour et émotion sur les rayons de
sa bibliothèque. Il lui faut tout de suite un
catalogue ; il le lui faut absolument ; car
il n'y a pas de vrai bibliophile, ni de bibliothèque bien classée sans catalogue.

Grosse affaire que le catalogue.

On a écrit des livres sur la manière
de les rédiger. C'est excellent, mais

je crois qu'il vaut mieux lire des catalogues tout faits, se bien pénétrer des deux ou trois méthodes employées par les maîtres en ce genre, et adopter celle qui paraît la plus claire.

Surtout — je vous y engage — ne faites pas votre catalogue sur un registre-répertoire, c'est incommode. Au contraire servez-vous de fiches qu'on range après par ordre alphabétique dans une petite boîte basse en carton ou en bois, dite *Cabriolet*.

Au besoin, ayez deux catalogues : un pour les noms d'auteurs, l'autre pour les noms de matière, mais tous deux par ordre alphabétique.

Si vous avez beaucoup de livres, leur numérotage devient indispensable.

Lorsque vous manquerez par hasard au respect que vous devez à vos livres, en les prêtant à un étranger, ne manquez jamais d'inscrire au crayon, sur la fiche correspondante, la date et le motif de l'absence du cher compagnon.

Et, maintenant, un dernier conseil, un

conseil de femme de ménage : chaque fois
que vous prendrez dans votre bibliothèque
un livre pour le consulter, époussetez-le,
puis frottez-lui le dos et les plats avec
une peau fine, semblable à celle dont se
servent les domestiques pour faire briller
l'argenterie.

Cette friction hygiénique est excellente
et des plus salutaires pour la santé du
livre.

Je vous en prie, n'oubliez ni le plumeau
en plumes douces, ni la peau fine. On peut
remplacer cette dernière par des foulards
hors de service et très usés.

POST-FACE

Je crois avoir montré quelles occupations se crée un amateur en abordant la bibliophilie. Les jouissances qu'il en retire sont ineffables. Il ne s'agit pas toujours, en effet, pour devenir un heureux bibliophile d'avoir une bibliothèque qui représente plusieurs centaines de mille francs et que l'on espère revendre le triple ; il suffit de posséder de bons livres qu'on aime et que l'on entoure de soins. Un livre à gravures est toujours revu avec un nouveau plaisir, une belle reliure réexaminée avec plus de componction, de même qu'un passage de l'auteur aimé est toujours recommenté avec plus d'amour et d'imagination.

A chaque station dans sa bibliothèque, l'amateur retrouve d'ailleurs le souvenir d'une conquête, d'une joie, d'une émotion passées. Le livre est un ami qui ne vous trompe jamais, qui ne vous contredit pas, qui vous donne de bons conseils et qui vous console dans l'affliction.

C'est le plus complaisant compagnon de voyage, toujours prêt à s'ouvrir pour vous être agréable et ne montrant aucun dépit quand on le quitte.

Je ne dis pas cela le premier, je le sais. Cela a été répété cent fois en prose et en vers. Mais ce n'est pas parce qu'une vérité est rebattue qu'il faut la mettre sous le boisseau. Ce qui est vrai et bon est éternel.

J'ajouterai que la science de la bibliographie est une science qui ne s'enseigne pas. On l'apprend soi-même, petit à petit. En effet, il n'y a pas de cours de bibliographie à l'usage des gens du monde —

et les libraires les plus savants, les bibliophiles les plus distingués rencontrent
souvent un bouquiniste ou un petit amateur, qui leur donne une leçon sévère sur un
livre que ces derniers ont appris à connaître
en le maniant.

C'est uniquement en maniant les livres,
qu'on arrive — ce qui est la vraie force du
bibliophile — à la parfaite connaissance des
papiers, des marques d'éditeurs et du
travail des relieurs. Aujourd'hui, le nombre
des livres dont le signalement n'a pas été
décrit, est très minime. Presque tous les
beaux exemplaires existant d'éditions précieuses sont connus ; on sait où ils sont,
ce qu'ils ont coûté et ce qu'ils se vendront
et souvent à qui ils seront vendus à la
prochaine mutation. La science écrite est
donc complète ou à peu près. Mais l'instinct, le flair, le don de la divination n'ont
pas de règle :

On devient amateur, mais on naît bouquiniste.

On a aussi fixé les principales époques
de l'histoire philosophique du livre, des

différentes étapes de sa confection et de sa diffusion comparées à l'expansion des connaissances humaines et de la civilisation.

Il n'y a pas eu d'agent de liberté plus actif. C'est le livre qui a affranchi le monde moderne et cela suffirait pour le faire aimer de tous les cœurs bien nés. Mais arrêtons-nous là sur le livre, car c'est au simple point de vue du plaisir qu'il procure que j'ai voulu m'en occuper.

Heureux ! trois fois heureux ! si par mes conseils très élémentaires — d'où je n'ai pas eu la peine de bannir les aridités d'une science que j'ignore — j'ai donné l'idée à quelques personnes de se faire une bibliothèque, si j'ai développé chez d'autres l'amour naissant de la bibliophilie.

De tous les plaisirs, c'est le plus durable ; comme ceux de tous les autres collection-neurs. De plus, il laisse parfois à celui qui le cultive avec distinction un nom égal à ceux des auteurs et des éditeurs.

Après avoir profité de tous les biens de ce monde dans la juste mesure de mes moyens et de mes forces, je puis, sans hypocrisie, constater ici que de toutes les jouissances, celles qui proviennent de l'amour des Livres, sont, sinon les plus vives, tout au moins les plus facilement et les plus longtemps renouvelables.

Au jeu, on ne gagne pas toujours ; avec les femmes la vieillesse arrive avant la satiété. Il y a bien aussi la table ! Mais quand on a bu et mangé pendant deux heures, il faut s'arrêter. La pêche ! La chasse ! dira-t-on. — Pour la pêche, il faut de la patience et... du poisson ; pour la chasse, il faut des jambes et du gibier.

Pour le livre, il ne faut que le livre.

TABLE DES MATIÈRES

TABLE GÉNÉRALE

DU

CATALOGUE

DES

PUBLICATIONS D'AMATEURS

ET DE

BIBLIOPHILES

ÉDITÉES PAR

ÉD. ROUVEYRE ET G. BLOND

98, RUE DE RICHELIEU, A PARIS

Le Catalogue illustré, formant un joli volume, est adressé gratis et *franco* à toute personne qui en fait la demande.

TITRE DES OUVRAGES

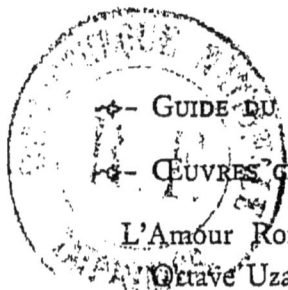

~~~~~~~~~

-◊- Guide du libraire antiquaire et du bibliophile.

-◊- Œuvres choisies des écrivains contemporains.

L'Amour Romantique, par Léon Cladel, préface par Octave Uzanne.

-◊- Science des gens du monde.

Traité complet de la science du Blason, par Jouffroy d'Eschavannes.

Connaissances nécessaires à un amateur d'objets d'art, par Ancel Oppenheim.

Connaissances nécessaires à un bibliophile, par Édouard Rouveyre, 2 vol.

-◊- Curiosités parisiennes.

Théâtre des boulevards, réimprimé pour la première fois et précédé d'une notice par Georges d'Heylli, 2 vol.

Histoire des petits théâtres de Paris, par Nicolas Brazier, nouvelle édition publiée par Édouard Rouveyre, son petit-neveu, avec préface par Georges d'Heylli, 2 vol.

-◆- PETITS CHEFS-D'ŒUVRE DU XVIIIᵉ SIÈCLE.

Les Quatre heures de la Toilette des dames, par de
Favre.

Le Tableau de la Volupté ou les quatre parties du jour,
par M. D. B. (Du Buisson).

Zélie au bain, par le marquis de Pezey.

-◆- CHRONIQUES DU XVIIIᵉ SIÈCLE, PUBLIÉES PAR ROGER
DE PARNES, AVEC PRÉFACE PAR G. D'HEYLLI.

La Régence, portefeuille d'un Roué.

Anecdotes secrètes du règne de Louis XV, portefeuille
d'un Petit-Maître.

Gazette anecdotique du règne de Louis XVI, portefeuille
d'un Talon Rouge.

Le Directoire, portefeuille d'un Incroyable.

-◆- DOCUMENTS DE LA COUR ET DE LA VILLE AU XVIIIᵉ
SIÈCLE.

La Comédie et la Galanterie, par A. Jullien.

Mémoires du duc de Lauzun.

La Ville et la Cour, par A. Jullien.

La Société galante et littéraire, par H. Bonhomme.

L'Opéra secret, par A. Jullien.

-◆- LES RUELLES AU XVIIIᵉ SIÈCLE, par Léon de Labessade, préface par Alexandre Dumas fils, de l'Académie française.

-◆- CONTES GAILLARDS ET NOUVELLES PARISIENNES.

Le Mal d'aimer, par René Maizeroy, illustrations de
Courboin.

A Huis clos, par Carolus Brio, illustrations de Marius
Perret.

Doux Larcins, par Flirt, illustrations de Le Natur.

Le Péché d'Ève, par Armand Silvestre, illustrations de
Rochegrosse.

Miettes d'Amour, par L. V. Meunier, illustrations de
A. Fernandinus.

Joyeux Devis, par Massiac, illustrations de Le Natur,

Mire lon la, par René Maizeroy, illustrations de Jeanniot.

Chair à plaisir, par L. V. Meunier, illustrations de Ferdinandus.

-❖- BIBLIOTHÈQUE DU BOUDOIR.

Carnet d'un Mondain, par Etincelle, 2 vol.

-❖- L'INTERMÉDIAIRE DES CHERCHEURS ET CURIEUX.

-❖- ÉCRIN DU BIBLIOPHILE.

Trois dizaines de Contes gaulois.

-❖- PARIS. Arts. Lettres. Sport.

Les Hommes d'Épée, par le baron de Vaux.

Les Gens de Lettres.

Peintres et Sculpteurs.

Acteurs et Actrices.

Les Salons de Paris.

-❖- BIBLIOTHÈQUE DE L'AMATEUR DE LIVRES.

Le Luxe des livres, par L. Derome.

Recherches bibliographiques sur les livres rares et curieux,
par P. L. Jacob, bibliophile.

Histoire de l'ornementation des manuscrits, par Ferdinand Denis.

Catalogue des ouvrages, écrits et dessins de toute nature, poursuivis, supprimés ou condamnés, par Fernand Drujon.

Bibliographie générale des petits formats dits Cazin, par A. Corroenne.

Manuel du Cazinophile.

Histoire de l'Imprimerie, par Paul Dupont.

Les Autographes en France et à l'étranger, par de Lescure.

De la Matière des livres.

Les Amateurs de vieux livres, par P. L. Jacob, bibliophile.

Miscellannées bibliographiques, publié par Ed. Rouveyre et O. Uzanne.

La Reliure ancienne et moderne.

Un Bouquiniste parisien, par A. Piedagnel.

Reliure d'un Montaigne, à l'S. barré.

Le Bibliophile français, 7 volumes.

Index librorum prohibitorum.

Centuria librorum absconditorum.

Armorial du Bibliophile, par Johannis Guigard.

Voltaire, Bibliographie de ses œuvres, par Georges Bengesco.

Les Supercheries littéraires dévoilées, par J. M. Quérard.

Dictionnaire des ouvrages anonymes, par A. A. Barbier.

-✧- BIBLIOTHÈQUE DE L'AMATEUR D'ART.

Notes d'un Curieux, par le baron de Boyer de Sainte-Suzanne.

Les Tapisseries françaises, par le même auteur.

Les Tapisseries d'Arras, par le chanoine E. van Drival.

De la Poterie gauloise, par H. de Clouzion.

La Verrerie antique, par W. Frœhner.

Description des collections de Sceaux-Matrices de M. Dongé, par J. Charvet.

De l'Ameublement et de la Décoration extérieure des appartements, par L. Guichard.

Traité de la Décoration sur porcelaine et sur faïence, par Chauvigné.

◆ PUBLICATIONS DIVERSES.

Caprices d'un Bibliophile, par Octave Uzanne.

Le Bric-à-Brac de l'Amour.

Le Calendrier de Vénus.

Les Surprises du cœur.

Idées sur les romans, par D. A. F. de Sade, publié avec préface, par Octave Uzanne.

Du Mariage, par un Philosophe du XVIIIe siècle, avec préface, par Octave Uzanne.

Le Droit du Seigneur et la Rosière de Salency, par Léon de Labessade.

Pierrot sceptique, pantomime, par L. Hennique et J. K. Huysmans.

Suite de trente-quatre estampes, pour servir à l'illustration des œuvres de Molière, dessinées et gravées à l'eau-forte, par Ad. Lalauze.

Poésies de Prosper Blanchemain, 2 vol.

Les Fleurs boréales, par Louis Fréchette.

Ce sont les Secrets des Dames défendus à révéler.

Le Corbeau, par Edgard Poë, traduction de Stéphane Mallarmé, dessins de Manet.

Croquis contemporains, pointes sèches, par Louise Abbéma.

Le Petit-Monde, collection de dix eaux-fortes, par Ad. Lalauze.

L'Art de vivre longtemps, par le docteur Noirot.

L'Art d'avoir des enfants sains de corps et d'esprit, par le docteur Noirot.

—◇— COLLECTION IN-18 JÉSUS, A 3 FR. 50.

Confession de Sainte-Beuve, par Louis Nicolardot.

La Fange, par Guérin-Ginisty, préface de Léon Chapron.

Coups de plume indépendants, par A. J. Pons.

—◇— MONOLOGUES PARISIENS.

Le Culte, par Satin.

—◇— OUVRAGES SOUS PRESSE OU EN PRÉPARATION.

L'Art dans la maison, par Henry Havard.

Les Livres à clef, par Fernand Drujon.

Collection Lahure, éditée par A. Lahure et par Éd. Rouveyre et G. Blond.

Collection d'Hervilly-Somm.

Catalogue des livres rares et curieux.

COLLABORATION ARTISTIQUE

ET LITTÉRAIRE

Gueulette.
Ch. Goutzwiller.
Guérin-Ginisty.
Johannis Guigard.
E. Guichard.
Halbou.
Henry Havard.
Léon Hennique.
E. d'Hervilly.
Georges d'Heylli.
J.-K. Huysmans.
P.-L. Jacob, bibliophile.
Jules Jacquemart.
Jeanniot.
Le bibliophile Job.
Jouffroy d'Eschavannes.
Adolphe Jullien.
René Kerviler.
Léon de Labessade.
Paul Lacroix.
A. Lahure.
Ad. Lalauze.
Lancelot.
P. Laurent.
Lauzun.
Leclère.
Legrand.
Lemire.
Le Natur.
Jules Le Petit.

T. Lepic.
Lerat.
Leroy.
De Lescure.
Levasseur.
E. de Liphart.
De Longueil.
Ch. de Lovenjoul.
René Maizeroy.
Stéphane Mallarmé.
De Malval.
Manet.
Th. Massiac.
G. Merlet.
Mesplès.
L.-V. Meunier.
Louis Mohr.
Mongin.
G. Mouravit.
Louis Nicolardot.
Louise Abbema.
Arcos.
Arrivet.
Paul Avril.
Louis de Backer.
J. Barbey d'Aurevilly.
A.-A. Barbier.
E. Bayard.
J. de Beauchamps.
A. Bellanger.

Georges Bengesco.
Berne-Bellecour.
Bichard.
Prosper Blanchemain.
H. Bonhomme.
Baron de Boyer de Sainte-Suzanne.
Nicolas Brazier.
C. Brio.
Gustave Brunet.
Du Buisson.
G. Gastiglionne.
Champfleury.
Léon Chapron.
J. Charvet.
A. Chauvigné.
Jules Cheret.
Léon Cladel.
J. Claretie.
H. de Clouzou.
A. Corroenne.
E. Corroyer.
E. Courboin.
Ferdinand Denis.
L. Derome.
Fernand Drujon.
L'abbé J. Dulac.
Alexandre Dumas fils.
Paul Dupont.
Eisen.
Etincelle.
Favier.
De Favre.
A. Ferdinandus.
Feyen-Perrin.
Fichot.
Flirt.

Louis Fréchette.
W. Froehner.
Gaujean.
Docteur L. Noirot.
Ancel Oppenheim.
F. Oudart.
Roger de Parnes.
Patas.
Marius Perret.
Le marquis de Pezay.
Al. Piedagnel.
Pisanus Fraxi.
Edgard Poë.
Poilpot.
A. Poirson.
A.-J. Pons.
Prunaire.
Puyplat.
J.-M. Quérard.
Rochegrosse.
Edouard Rouveyre.
Ernest Rouveyre.
Marie Rouveyre.
D.-A.-F. de Sade.
Sargent.
Satin.
Aurélien Scholl.
Scott.
Armand Sylvestre.
Henry Somm.
A. Stevens.
Henri Toussaint.
Octave Uzanne.
Le Chanoine E. van Drival.
Le baron de Vaux.
L. Vian.
Daniel Vierge.

ACHEVÉ D'IMPRIMER

SUR LES PRESSES DE

DARANTIERE, IMPRIMEUR A DIJON

le 31 octobre 1882

POUR

ÉD. ROUVEYRE ET G. BLOND

LIBRAIRES-ÉDITEURS

A PARIS